全球化、城市化与收入差距研究

Research on Globalization, Urbanization and Income Inequality

王 娜 著

中国社会科学出版社

图书在版编目（CIP）数据

全球化、城市化与收入差距研究 / 王娜著. —北京：
中国社会科学出版社，2020.6
ISBN 978 - 7 - 5203 - 6672 - 4

Ⅰ.①全… Ⅱ.①王… Ⅲ.①收入差距—研究—中国
Ⅳ.①F124.7

中国版本图书馆 CIP 数据核字（2020）第 104602 号

出 版 人	赵剑英
责任编辑	吴丽平
责任校对	季 静
责任印制	李寡寡

出　　版	中国社会科学出版社
社　　址	北京鼓楼西大街甲 158 号
邮　　编	100720
网　　址	http://www.csspw.cn
发 行 部	010 - 84083685
门 市 部	010 - 84029450
经　　销	新华书店及其他书店
印　　刷	北京明恒达印务有限公司
装　　订	廊坊市广阳区广增装订厂
版　　次	2020 年 6 月第 1 版
印　　次	2020 年 6 月第 1 次印刷
开　　本	710×1000　1/16
印　　张	13
插　　页	2
字　　数	200 千字
定　　价	78.00 元

凡购买中国社会科学出版社图书，如有质量问题请与本社营销中心联系调换
电话：010 - 84083683
版权所有　侵权必究

目　录

第一章　绪论 ……………………………………………………（1）
　第一节　研究背景与意义 …………………………………………（1）
　第二节　研究对象与目的 …………………………………………（6）
　第三节　研究内容与方法 …………………………………………（8）

第二章　区域经济、全球化与城市化的发展 ………………（12）
　第一节　区域经济的发展 …………………………………………（12）
　第二节　全球化与城市化的发展 …………………………………（22）
　第三节　全球化、城市化与收入差距 ……………………………（27）

第三章　经济发展与收入分配的理论背景考察 ……………（33）
　第一节　收入分配的界定和中国收入分配制度的发展 …………（33）
　第二节　经济发展与收入分配的相关理论 ………………………（40）
　第三节　中国收入差距的文献综述 ………………………………（49）

第四章　中国收入差距的演变 …………………………………（63）
　第一节　改革开放后区域差距的演变 ……………………………（63）
　第二节　改革开放后城乡收入差距的演变 ………………………（76）
　第三节　区域经济差距的实证分析 ………………………………（86）

第五章　山东省收入差距的现状 …………………………（105）
第一节　山东省的区域差距 ……………………………（105）
第二节　山东省的城乡差距 ……………………………（116）
第三节　山东省的县际差距 ……………………………（129）

第六章　山东省城乡收入差距影响因素的实证分析 ………（132）
第一节　城乡收入差距影响因素的初步考察 ……………（133）
第二节　山东省城乡收入差距影响因素的实证分析 ………（140）

第七章　缩小收入差距的对策 …………………………（159）
第一节　研究的主要结论 ………………………………（159）
第二节　应对全球化和城市化的课题及其对策 ……………（168）
第三节　山东省缩小城乡收入差距的对策 ………………（175）

参考文献 ……………………………………………………（184）

后　记 ………………………………………………………（201）

第一章

绪 论

第一节 研究背景与意义

一 研究背景与价值意义

自改革开放以来截至2010年,中国经济一直保持着惊人的高速增长态势。在这30多年中,经济一直维持着每年近10%的平均增长率。2018年名义GDP(国内生产总值)总额达到900310亿元,人均名义GDP为64644元,GDP增长率为6.6%[①]。而在联合国、世界银行等国际机构,多采用购买力平价(Purchasing Power Parity,简称PPP,PPP是一种根据各国不同的价格水平计算出来的货币间的等值系数)来衡量各国的经济规模和国民的消费水平。2018年美国GDP总量为20.51万亿美元,按照购买力计算,同年中国GDP高达23.31万亿美元,超过美国,成为全球最大的经济体。但是中国的人均GDP为1.812万美元,美国的人均GDP则为6.252万美元(根据世界银行数据),可见中国与美国的人均GDP差距还是很大。而自2010年起,中国GDP增速由10.6%开始逐步滑落,2011年降到了9.6%,2015年跌破7%,降至6.9%,经济增速持续减缓,开始进入新常态阶段。

---

① 根据国家统计局编《中国统计年鉴2019》,下同。

从国际上来看，中国的经济总量、购买力水平都位居世界前列。中国在实现了基本的物质小康之后，其实已经没有必要再追求过高的经济增长速度，更重要的应该是追求和谐发展[①]。"和谐"在经济方面的体现是"平等"，人与人的能力差别必然会引起收入差距，但收入差距的形成和扩大具有"马太效应"，其所引发的问题可能会更深刻。收入分配的不平等会影响人们的生产意愿，不仅抑制了经济的发展，也会影响社会安定和民族团结。特别是少数民族多集中在收入水平较低的内陆地区，地区差距也很可能转化为民族问题。因此，收入差距问题不仅是一个经济问题，甚至会发展成社会问题和政治问题，对此问题的分析和研究就显得尤为重要。

本书以两个论点为核心，论述了有关中国市场的经济政策。第一，明确了存在享受市场经济恩惠的地区和难以受益的地区，分析其原因，同时探讨了为缩小区域差距及城乡差距而实施的政策；第二，为使市场经济发挥其有效作用，城市作为自我完善政府框架、支撑全球经济活动的网络功能备受关注。中国的主要城市应该作为全球化网络中的一员进行活动，为此，有必要对中国迄今为止现有的社会制度等框架进行改革，使中国能够享受到全球化网络的协同效应。

二 研究中国收入差距的意义

追溯收入差距的起因，从1950年年初到改革开放的近30年时间，在社会主义计划经济体制下，强调绝对平均主义，城市统一规定工人工资，在农村实行了与个人贡献无关的平等分配制度。因此，平均主义的反面，由于劳动积极性的低下和劳动生产率的停

[①] 严善平：《中国经济奇迹及其内在机制——兼论日本经验与中国经济下一步》，《世界经济文汇》2017年第1辑。

滞，国民生活水平也停留在了较低的水平上。1978年改革开放以后，分配体制改革向着否定平均主义的方向发展，对收入差距产生了影响。也就是说，由于转向了重视对市场贡献度的分配改革，收入差距问题日益凸显。特别是以效率优先，允许一部分人和一部分地区先富起来的"先富论"作为旗帜，以优先发展东部沿海地区的不均衡开发政策为主导，使东部地区的经济得到了快速发展，结果扩大了东部与中西部地区的收入差距。不仅是地区间，城乡间、产业间、行业间的收入差距也在扩大，还引发了严重的经济社会问题。因此，20世纪90年代以后，国内外诸多研究者就收入差距问题进行了讨论。但是，数据、研究对象和研究方法等的选择和处理可能不够充分。对于这个问题，需要更详细和多方面的考察。

中国大陆有31个省，各省份的收入差距并不均衡。受可得数据的限制，在既有研究中，经常会论述省级及以上的差距，但省份内也可能存在较大差距。实际上，多数人看到的差距是特定区域内的差距，而不是偏远区域间的差距。值得庆幸的是，近年，省级以下地级市和县级市的数据已经被公开，与以往相比，可以讨论更小范围内的差距。本书在分析全国收入差距的基础上，以31个省份中的山东省为例，分析了省份内收入差距。

三 研究山东省收入差距的意义

中国自改革开放以后，重点实施区域开发政策的东部沿海地区取得了巨大发展，进一步拉大与中西部地区之间的差距。从这个意义上说，区域开发政策的导入和实施被认为是造成差距的原因之一[①]。本书将探讨，山东省内的区域间是否也存在相同的问题。在进行讨论之

---

① 于文浩：《中国の地域経済格差と地域開発政策に関する研究——実証研究と政策研究を中心に》，博士学位论文，中央大学，2009年。

前，简单介绍一下山东省的地域特点。

山东省简称"鲁"，山东是太行山以东的意思。山东省素有"山东半岛"之称，坐拥东西南北"地利"。山东半岛在渤海和黄海之间，与辽东半岛相对，可以吸收作为东北地区重化学工业的产业聚集地辽东半岛的优势。北部与河北省接壤，还可以利用人才、高新技术产业、服务产业等以首都为中心的经济圈的优势。东临黄海，位于黄河下游黄河三角洲经济区的集聚地。南与河南、安徽、江苏接壤，南面有以上海为中心的长三角经济区集聚地，有利于产业合作。另外，山东省的东部，由于与日本和韩国隔海相望，有助于其与日本和韩国的经济贸易交流。尤其与韩国距离最近，使山东省成为韩国企业进军中国市场的根据地。

截至2019年1月8日[①]，山东省有17个地级市，137个县级行政单位（其中市辖区56个、县级市27个、县54个）。此外，其乡镇级行政单位共有1824个[②]。

之所以选取山东省的收入差距进行研究，理由如下。

第一，山东省无论是经济规模还是人口规模都在全国名列前茅，从这个意义上讲，山东省是中国的代表性地区。2018年山东省基本经济数据显示，2017年年底山东省常住人口为10006万人，2018年年底为10047万人，仅次于广东省，位居全国第二位。目前，31省份中人口过亿的省份只有广东省和山东省。2018年山东省名义国内生产总值（以下记作GDP）为76470亿元（仅次于广东省、江苏省，位居全国第三位），人均名义GDP为76267元。另外，同年名义GDP的各产业构成比例为，第一产业6.5%、第二产业44.0%、第三产业49.5%。2018年山东省各经济数据占全国的

---

① 自2019年1月9日起，莱芜市并入济南市，山东省由17个地级市变为16个地级市。
② 根据山东统计局、国家统计局山东调查总队编《山东统计年鉴2019》，下同。

比重，名义GDP为8.5%，第一产业为7.7%，第二产业为9.2%，第三产业为8.1%。除第二产业外，第一产业和第三产业比重均低于名义GDP比重。从全国来看，山东省的工业比重相对较高，因此，又被称为"半岛制造业基地"。省内已形成以食品、能源、化学工业、建筑材料、机械电子、纺织和黄金冶炼等支柱产业为核心的工业体系。近年来，山东省也致力于新能源、新信息、新医药及海洋开发等新领域。另外，山东省是中国主要的煤炭和石油生产基地之一，拥有位于黄河三角洲的中国第二大油田胜利油田。同时是重要的农业生产地区，农业总产值和农产品出口量均为全国第一位，小麦、玉米、棉花和牛肉也位居全国前列。

第二，改革开放以来作为区域开发政策的实施据点，山东省是最重要的沿海开放地带之一（1984年开放的南北14个沿海港口城市①，山东省就有两个城市）。山东省作为中国实施对外开放政策的沿海省份之一，包括青岛、烟台在内，威海、淄博、潍坊、日照、济南和东营共8个城市相继被指定为山东半岛经济开放区。近年，对外贸易规模持续扩大，已与世界上180多个国家和地区建立了贸易关系。从山东省的对外贸易数据来看，2018年对外贸易总额为2923.9亿美元，占全国的6.4%（全国第六位）；出口额为1601.4亿美元，占全国的6.4%（全国第五位）。同年山东省的政府预算支出为10100.96亿元，占全国的5.4%，在31个省份中，仅次于广东省和江苏省，位居第三位。另外，山东省着力改善投资环境，利用地理优势积极吸引外资。2018年吸引外资的金额是205.2亿美元，全省现存外商投资企业15374家，实际利用外资为783亿美元，企业平均投资规模为1997.5万美元。截至2018年年底，山东

---

① 14个沿海开放城市包括大连、秦皇岛、天津、烟台、青岛、连云港、南通、上海、温州、宁波、福州、广州、湛江和北海。

省累计批准214家世界500强中的企业投资设立741家企业[①]。同时，山东省积极实施"走出去"战略，走出去企业遍布全球140多个国家和地区。截至2018年，累计设立境外投资企业（机构）6076个[②]。

综合来看，优越的地理条件和先天的自然禀赋也使山东省成为国内全球化和城市化迅速发展的代表性省份。具体来看，山东省的人口规模和经济规模均居全国前列，农业、工业和对外贸易发达，堪称中国缩略图的典型代表。

第二节 研究对象与目的

一 研究对象

针对中国的收入差距问题，众多研究者进行了大量的研究，一方面得出了重要的研究结果，另一方面也留下了需要改善的地方。

第一，基于中国的收入差距问题，现有研究鲜少将省级及省级以下的地级市、县级市作为研究对象列举出来。在讨论中国收入差距问题时，现有研究中多使用31个省份的数据，对区域间差距，及省份间差距或城乡收入差距进行分析，而从一省的各地级市和各县级市角度分析收入差距的相对较少。对于拥有31个省份的中国，仅从全国平均数据来讨论收入差距是不充分的。然而分别对31个省份进行研究又较为困难，因此有必要列举几个有代表性的省进行深入研究。

第二，关于收入差距现状的分析，对于研究时期、测度方法以

[①] 黄晓燕：《214家世界500强筑巢山东，吸引外资方面不断成长壮大》，2019年10月18日，大众网新闻（http://stock.qlmoney.com/news/1185014585757794304.html）。

[②] 新浪财经：《山东走出去企业遍布140个国家地区，常年在外13万劳务人员》，2019年9月30日新浪财经新闻网（https://baijiahao.baidu.com/s?id=1646071197734682870&wfr=spider&for=pc）。

及数据选择的考量未必全面。现有研究大多停留在改革开放后的1978—2010年前后，但也有必要关注2008年金融危机使世界经济受到巨大影响后的长期动向。在测度方法方面，多利用传统的基尼系数、泰尔指数和变异系数，致使收入差距的动态分析有所偏差。通过添加加权基尼系数、加权变异系数和贸易特化系数等测量尺度，更容易全面掌握差距的实际状况。

第三，关于收入差距的原因分析，基于特定的研究时期和研究对象分析的影响因素，可能不具备普遍适用性。本书中提到的现有研究中，大多数是对城乡收入差距的影响因素进行实证分析的文献，但是存在研究时期过短，或者研究对象限定在全国范围等各种各样的不足。因此，需要将研究期间延长，并将研究对象缩小到一个省份，验证全国收入差距的影响因素是否也适用于一个省份。

第四，多数研究着眼于全国收入差距的现状分析、原因分析和对策分析，针对某一省份从现状分析到实证分析，再从实证分析到原因分析，最后是对策分析，这样连贯性的研究分析较少。为了厘清收入差距的问题，需要从把握现状、分析原因，到最后提出政策性建议，有必要进行一系列连贯性的分析。

二 研究目的

基于上述问题，本书的研究目的如下。

（1）从宏观的角度，以中国整体为分析对象，对改革开放至今的区域间和城乡间的实际情况进行分析，把握收入差距的动向，并实证分析区域经济差距的影响因素。

（2）从微观的角度，分析东部沿海地区的山东省，把握省内差距和地级市差距、县级市以及县际之间差距的动向。并通过对山东省城乡收入差距的实证分析，探讨城乡收入差距的影响因素。

（3）结合当前全球化和城乡化的课题，探讨解决问题的对策。

同时，根据现阶段影响山东省城乡收入差距的原因，提出缩小城乡收入差距的对策和建议。

第三节　研究内容与方法

一　研究内容与章节结构

本书在阐述研究背景、文献回顾和相关理论的基础上，对中国区域经济的发展动向和城乡收入差距的整体情况进行梳理和分析，阐明区域经济差距和山东省城乡收入差距的影响因素，探讨全球化、城市化面临的课题，并提出相应对策。

本书各章节安排如下。

第一章，在阐述研究的现实意义与理论价值的基础上，对研究内容、研究目的和研究方法进行了介绍。特别是针对研究意义，不仅阐明了研究中国收入差距的重要意义，也详细解释了研究作为中国典型代表山东省收入差距的现实价值。

第二章，梳理区域经济的发展动向。首先，在区域经济发展中，主要梳理改革开放以后四大区域经济的发展和农村经济的发展，以及四大区域和农村的政府开发政策和经济发展特点。其次，考察全球化和城市化的发展进程。全球化对中国经济，特别是对中国贸易有巨大影响，并且在中国经济向现代化阶段发展的同时，考察城市化发展的进程，并就全球化、城市化与收入差距的关系进行考察。围绕国际分工、生产分工理论和新经济地理学等理论，论述全球化和城市化的发展对收入差距产生的影响。

第三章，对经济发展与收入分配的理论进行考察，并梳理相关文献。首先，对本书中使用的收入进行定义，明确了收入分配的范围，并将1978年改革开放以后中国收入分配的发展大致分为五个阶段，具体论述各阶段中的主导性收入分配制度和理论。其次，对于经济发展和收入分配的关系，主要梳理了刘易斯的二元经济结构模型、库兹涅茨的"倒U型假说"理论、卡尔多的收入分配理论与经济增长理论。最后，对中国的区域差距和城乡差距的现有文献分别进行梳理，基于文献综述，对引起中国区域间和城乡间收入差距的主要原因进行归纳和总结。

第四章，论述中国整体收入差距的演变。首先，分析改革开放以后区域差距的演变。区域划分由原来的东部、中部、西部的三大区域，变为东部、东北部、中部和西部的四大区域，因此，区域差距的分析也同时以三大区域和四大区域为对象，运用变异系数和泰尔指数等测度方法，考察区域间和区域内部收入差距。其次，分析改革开放以后的城乡收入差距的演变。利用变异系数和基尼系数等测度方法，对31个省份的城乡收入差距的动向进行分析，同时，分别对城市和农村收入阶层差距进行考察。最后，对区域经济差距进行实证分析，明晰区域经济差距的影响因素，以及经济溢出效应对区域经济差距的影响。

第五章，论述山东省收入差距的现状。首先，与全国分析方法相同，将山东省划分为东中西部三个区域，并对区域经济差距进行分析。运用变异系数、泰尔指数等测度方法进行分析，并对三大区域间产业结构差距进行分析。其次，对城市家庭和农村家庭的收入来源分类进行考察，运用变异系数、基尼系数和泰尔指数进一步分析17个地级市的城乡收入差距、城乡间收入差距等。最后，考察山东省137个县的县际差距。具体对人均GDP、职工平均工资，以及农村人均纯收入进行详细考察。

第六章，实证分析山东省城乡收入差距的影响因素。首先，在山东省城乡收入差距影响因素的实证分析中，分别从经济、制度、政策的视角和收入来源分类的视角，对城乡收入差距的影响因素进行初步考察。其次，围绕初步考察的内容，建立面板数据模型，基于实证分析的结果，明晰山东省城乡收入差距的影响因素。

第七章，对缩小收入差距进行相关的对策分析。首先，总结上述章节中收入差距的演变趋势和实证分析结果，探讨全球化和城市化的课题及其对策。其次，基于山东省城乡收入差距影响因素的分析结果提出缩小城乡收入差距的对策，如提高城市化水平、优化产业结构、完善社会保障制度、加强教育支出和吸引外资等。

二　研究方法

（一）理论研究与实证分析相结合

理论研究主要通过现有文献的研究分析，并结合收入分配的相关理论与中国收入分配制度的发展情况，深入思考与研究。实证分析则利用一般性的统计分析方法，即 Stata 统计软件进行面板数据分析。

（二）静态研究与动态研究相结合

收入差距在不同的经济发展阶段会呈现出不同的发展现状，同时其变化也是一个动态发展的过程，如随着全球化的推进、城市化的发展、产业结构的调整以及相关制度和政策措施发生改变。在本书的研究中，需要对既往的收入差距的演变过程进行观察和分析，进一步将收入差距放在全球化和城市化的大背景中，从而更好地把握未来收入差距的演变趋势，体现了静态和动态的平衡。

（三）整体研究和个体研究相结合

对于收入差距进行现状分析和实证分析时，本书既关注了以中国整体为对象的收入差距变化情况，对中国区域经济差距的影响因素及其溢出效应进行实证分析；又选出在全球化和城市化背景之下，可以作为全国代表的山东省，并以其为研究对象，相对全面地进行了收入差距的现状分析和实证分析，体现了整体研究和个体研究的统一，为更好地把握中国收入差距提供了相关证据。

第二章

区域经济、全球化与城市化的发展

第一节 区域经济的发展

改革开放以后,随着区域经济的发展,政府分别提出符合东部、中部、西部和东北部各区域发展的开发政策。随着农村经济的发展,围绕户籍制度的改革,农村家庭联产承包责任制,以及乡镇企业的发展和农村劳动力的转移等农村经济的特点进行考察。

一 改革开放以后的区域经济发展

自1978年改革开放以来,中国的区域经济发生了翻天覆地的变化。最初的方针是,优先发展东部沿海地区,依次推进东部、中部和西部的开发政策。但是,随着东部沿海地区经济的快速发展,导致其与内陆地区的差距就不断扩大。因此,为了缩小区域差距,政府以区域经济均衡发展战略为重心,陆续出台了引导劳动密集型产业向内陆地区转移的政策。

政府于2000年3月实施西部大开发战略,2003年10月提出了东北振兴战略,2005年3月(2007年4月正式启动)公布了中部崛起战略。自2006年起,中国政府外交部启动了在三年之内推进约1万家的沿海地区企业和海外企业在中西部投资的"万商西进"

项目。此外，也提出了诸多为配合企业融资的优惠政策。2008年9月开始，为应对世界金融危机，中国政府在2008年年末进行4万亿元规模的投资，其中的大部分投资是以内陆地区的基础设施建设为目的，推动了内陆地区经济的快速增长。得益于此，内陆地区受世界经济危机的影响不如沿海地区严重[①]。

以下在明确区域划分的基础上，具体考察各区域的发展战略。

(一) 三大区域和四大区域的划分

传统区域的划分，一直采取三大区域划分方式。由于2000年的西部大开发，原有的东部、中部、西部三大区域所包含的区域有所变化，形成了新的区域划分。另外，从2003年开始，随着东北振兴战略的实施，除了三大区域划分之外，加上了东北部，也会经常使用四大区域的划分方式。换言之，将东部11省份中的辽宁省和中部8省中的黑龙江省、吉林省排除在外，形成东北3省份。取而代之的是，东部为10省份，中部为6省份。其结果出现了如表2—1的四大区域划分方式。

表2—1　　　　　　　　四大区域划分方式

东部（10个省份）	北京、天津、河北、山东、上海、江苏、浙江、福建、广东、海南
东北（3个省份）	黑龙江、吉林、辽宁
中部（6个省份）	山西、河南、湖北、湖南、江西、安徽
西部（12个省份）	内蒙古、广西、重庆、四川、云南、贵州、西藏、陕西、甘肃、青海、宁夏、新疆

资料来源：笔者整理。

(二) 东部沿海地区的发展

第三个五年计划期间（1966—1970年）对沿海地区的投资达

---

① 徐向东：《中国人に売る時代！巨大市場開拓の成功法則》，日本経済新聞出版社2009年版。

到1949年以来的最低水平，沿海和内陆地区的比例约为1∶3①。自第四个五年计划（1971—1975年）的计划经济后期开始，政府的投资对象重点向沿海地区转移。不是采取全国经济均衡发展的策略，而是在优先发展部分地区、先进地区带动落后地区的战略基础上，采取了推进沿海地区对外开放的方针。1982年，国家计委和国家统计局在《关于沿海和内地划分问题的通知》中，规定将包括北京、天津、河北、辽宁、山东、上海、江苏、浙江、福建、广东②、广西在内的11个省、直辖市和自治区划分为沿海地区，其余18个省③和自治区被划分为内陆地区④。

1979—1980年，设立深圳、珠海、汕头、厦门4个经济特区，积极开展对外贸易活动。之后，1984年又开放了作为沿海开放地带的南北14个沿海港口城市。1985年，包括长江三角洲、珠江三角洲、闽南三角洲在内的61个城市和县成为沿海开放区。对以上地区，政府通过技术推进、吸引外资及农产品加工等方式给予支持。不仅是东部沿海地区的城市，农村也开始实行家庭联产承包责任制，随着集体所有制的乡镇企业规模逐步扩大，20世纪90年代实现了城市经济和农村经济的飞跃式发展。

（三）西部大开发

西部地区由表2—1所述的12个省、直辖市、自治区构成。截至2018年年底，该地区总面积为678万 km²，占全国总面积的70.6%，年末总人口为37956万人，占全国总人口的27.2%⑤。西部地区在各区域中的面积最大，自然资源丰富，居住着很多少数民

---

① 苏少之：《20世纪50—70年代中国沿海与内地经济发展差距研究》，《中南财经大学学报》2001年第1期。
② 当时的广东省还包括现在的海南，1988年海南从广东省分离出来。
③ 当时重庆市还隶属于四川省，在1997年正式升格为直辖市，从四川省中独立。
④ 东部沿海地区和东部地区有区别。
⑤ 根据国家统计局编《中国统计年鉴2019》，下同。

族。西部大开发战略的核心是通过政府投资和财政支援，完善基础设施、开发能源、改善生态环境、发展自主产业、削减贫困、吸引人才、提高科学技术和教育水平。但是，在这些政策中，政府推进的"保护优先，开发适度"的节能政策，反而成为抑制西部地区工业化的主要原因。另外，西部农村地区历来经济基础薄弱，自然条件严峻，基础设施建设和公共事业发展滞后，与东部地区的差距始终没有缩小。

（四）东北振兴

如表2—1所示，东北地区包括3个省份。截至2018年年底，东北地区总面积为78.7万平方千米，占全国总面积的8.2%，年末总人口为1836万人，占全国总人口的7.8%。东北地区自然资源丰富，也是依赖石油、煤炭的重工业基地。然而，这个老工业基地，由于过度依赖重工业，以及存在机械老朽化和剩余劳动力等负担的国有企业，使该地区的市场经济发展相对滞后。另外，大豆和玉米作为特色农产品自古闻名，但由于加入了WTO（世界贸易组织），进口农产品取代本地特产占据市场，使得此前畅销的农产品转为滞销。在这种背景下，政府提出了调整产业结构（向节约能源型的高新技术产业转型），发展现代化农业（向农业生产规模化、机械化、集体化转换），加强节能环保等构建符合市场经济发展的新工业基地的战略对策。

（五）中部崛起

如表2—1所示，中部地区包括6个省份。截至2018年年底，中部地区总面积为102.6万平方千米，占全国总面积的10.7%，年末总人口为37111万人，占全国总人口的26.6%。中部地区具备良好的交通条件和优越的地理条件，连接着东部沿海地区和内陆地区，南部和北部。另外，廉价劳动力和丰富的自然资源也广为人知。作为中部发展战略，首先，充分利用中部地区的地理优势，以基础设施建设为中心构建交通运输体系，完善成为物流中心的各项条件。其次，利用廉价劳动力，吸引外资，提高劳动密集型产业的竞争力。此外，除了产量居全国首位、储量占全国三分之一的山西省煤炭外，还可以利用河南、安徽的煤炭和江西的矿产资源，发展煤炭、电力、冶金等相关产业。政府在继东部沿海地区之后，以提高中部地区对外开放水平为目标，推进其工业化、城市化和市场化的发展。

二 改革开放以后的农村经济发展

改革开放以来，农村经济取得了长足发展，但也出现了诸多问题。其中，"三农问题"（农业、农村和农民问题）最受关注。因为"三农问题"直接关系到农民收入，也在很大程度上影响着城乡之间的收入差距。2009年2月1日，国务院公布国家一号文件《关于2009年促进农业稳定发展和农民持续增收的若干意见》中指出，以投资三农为重点，实施扩大内需和积极的财政政策。自2004年以来，农业部门生产率低、农村基础设施建设滞后、农民低收入的"三农问题"连续六年作为一号文件被提及。在此，围绕"三农问题"，从户籍制度的改革、农村家庭联产承包责任制、乡镇企业的发展、农村劳动力的转移四个方面进行考察。

（一）户籍制度的改革

1978年改革开放以来，城乡收入差距逐年扩大。为了缩小差距，政府认识到农村的城市化必不可少，因此决定重新修改现行户籍制度。2010年3月1日，国内13家媒体发布了推动政府户籍制度改革的联合社论，呼吁从同月3日开始召开的"两会"（中华人民共和国全国人民代表大会和中国人民政治协商会议），要求取消因户籍制度引起的城乡差距。

户籍制度具有人口管理的功能，也是维持社会治安的基本手段。中国的户籍制度，将公民分为"城市户口"和"农村户口"。计划经济时代，政府在推进城市化过程中，为保证城市居民的粮食供应的稳定，完善社会保障制度，1958年1月9日，全国人民代表大会常务委员会颁布了户籍管理法规《中华人民共和国户口登记条例》，从而正式确立了户籍制度。按照此条例的规定，严格限制农村人口向城市的流动，不但阻碍了农村劳动力的自由流动，而且分割了劳动力市场，阻碍了劳动生产率的提高。截至20世纪90年代末，由于城乡分割，未发生从农村向城市的大规模劳动转移。此外，来自农村的大量农民工流入城市，其数量在20世纪90年代为6000万人左右[1]，2018年到乡外就业的外出农民工达到17266万人，其中进城农民工13505万人[2]。大量的外来务工者涌入城市，成为引发与城市劳动者冲突、社会治安恶化、城市失业增加、城市收入差距扩大等问题的原因之一。

1984年10月，国务院印发《关于农民进入集镇落户问题的通知》，正式开始实施户籍制度改革。1985年9月，为了应对大量外出务工人员的移动，全国人民代表大会常务委员会通过了《中华人民共和国居住身份证条例》，规定凡16岁以上的公民，都必须申请身份证。此后，也多次提出有关户籍制度改革的法案。第十一个五年计划期间（2006—2010年）提出了推进"户籍制度改革"，依次建设城乡统一的登记制度，以居住地为基准，新增设了缓和户籍移动限制等在内的《户籍法》。

经济发展较快的地区，户籍改革推行较早，而在落后地区则有推迟这项改革的倾向。通过户籍制度改革，不仅可以使农村人口相对容易地取得城市户籍，而且还可以获得随之而来的就业机会、社

---

[1] 厳善平：《農村から都市へ——1億3000万人の農民大移動》，岩波書店2009年版。
[2] 根据国家统计局《2018年农民工监测调查报告》。

会保障以及教育等的权益，对于纠正城乡差距和区域差距具有重要的意义。

（二）农村家庭联产承包责任制

在改革开放以前的人民公社时期，包括土地在内的一切生产资料都归集体所有。中央政府决定每年农业生产的产量，农民分组从事农业活动，采取根据劳动分数的多寡来分配生产收益的机制。无论劳动与否，劳动分数相差不大，农民的劳动积极性很低。农产品以规定价格全部卖给政府，而且该规定价格较低，还禁止农民擅自销售农产品。通过这种低价统一收购制度，以实现城市工业化为目标，维持了城市劳动者的工资水平。

1978年12月，实行"家庭联产承包责任制"以代替集体劳动制度，农村向各家庭分配土地，扣除定额上缴部分剩余部分归为己有。最初是安徽省凤阳县农民们开始尝试的成功案例，后被政府认可，逐渐推广至全国。同年12月，在中共十一届三中全会上，通过了《中共中央关于加快农业发展若干问题的决定（草案）》。从此，集体经营转为家庭联产承包责任制，农民可以自由销售剩余农作物。通过实行家庭联产承包责任制，农民的生产积极性显著增强，劳动生产率也大幅提高。与此同时，农产品的收购价格也大幅度提高，农业产量增加，农民收入大幅增长。

可是，在农村实行的家庭联产承包责任制中，将土地所有权和承包经营权分开，土地所有权归集体，承包经营权归农户。承包经营权的期限最初为3—5年，1985年延长至15年，1993年延长至30年。但是，农村居民与城市居民被户籍制度区分开，不能自由销售土地，也不能抵押土地。土地的权利归集体所有，用途局限在农业和农家住宅基地。近年，土地制度改革呼之欲出，2014年中央一号文件提出了农村土地"三权分置"改革的框架，随后中央连续出台的一系列政策都提到了农村土地的"三权分置"改革，即所有权、承包权、经营权的三权分置。

（三）乡镇企业的发展

随着家庭联产承包责任制的普及，农民带着盈余资金进入非农业领域，这是乡镇企业快速成长的开始。乡镇企业的前身是"社队企业"（人民公社和生产队所有），1984年，取代"社队企业"，正式更名为"乡镇企业"。乡镇企业是农村行政组织（乡、镇、村）经营的企业，以及农民共同或单独经营的企业的总称。乡镇企业涵盖农业、工业、商业、建筑业、运输业、饮食业等广泛行业，其中多数为农产品加工、制造、服装及机械配件等各种产品的中小企业。改革开放以后，以促进市场经济化为目标，乡镇企业实现了快速发展。如图2—1所示，1980年，乡镇企业数为152万，就业人数为2827万人，增加值为209亿元，而2010年企业数为2742万家，就业人数为15893万人，增加值为112232亿元，同年乡镇企业增加值占全国GDP的28.2%，工业增加值占全国工业增加值的48.5%，就业人员占全国就业人员的20.0%。

在发展初期，乡镇企业与乡镇政府的密切关系有利于企业发展。然而，20世纪90年代中期以后，随着乡镇企业规模的扩大，政府的行政干涉制约了其发展。因此，乡镇企业为了迎合市场需求，提高竞争力，加快其所有权改革，这就要求乡镇政府退出企业经营，以股份制为目标，将乡镇企业转变为私营企业或以此为准的企业形式。

随着乡镇企业的发展，为大量农村剩余劳动力提供就业机会，2010年乡镇企业就业人员占农村就业人口的33.3%，是吸纳农村劳动力向非农业部门就业的主要渠道。农村居民从乡镇企业获得的人均收入是2086元，占农民人均纯收入的35.2%。

同时，乡镇企业的发展有效地分配了资本和劳动力，提高了资源配置效率，促进了农村第二产业和第三产业的发展，推进了农村

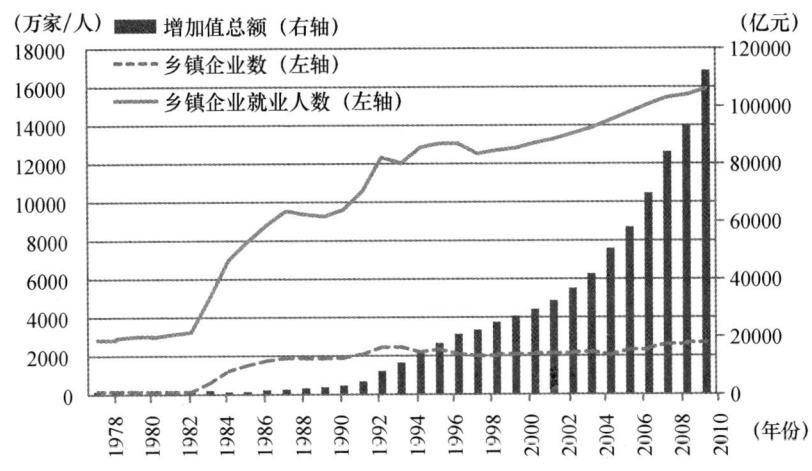

图 2—1　乡镇企业的发展（1978—2010）

资料来源：1978—2007 年的数据出自农业部乡镇企业局等编著的《中国乡镇企业 30 年》；2008—2010 年的数据出自中国乡镇企业及农产品加工业年鉴编辑委员会等编著的《中国乡镇企业及农产品加工业年鉴 2009》。

现代化。2010 年，乡镇企业中第一产业、第二产业和第三产业增加值分别为 1.0%、75.5% 和 23.5%。其中，尤以农产品加工业发展最快。但是，自 2001 年 12 月中国加入 WTO 之后，在严峻的竞争环境中，迫切需要乡镇企业提高技术水平以适应市场需求，调整生产结构及改革经营体制等。经历了 2002—2007 年的持续高速增长之后，由于国际金融危机的影响，中小规模的乡镇企业受到外需骤减的冲击，影响到其吸收农村劳动力。据农业部统计[①]，2008 年 12 月，乡镇企业出口增长率比 2007 年同期下降 7.46 个百分点，年增长率比 2007 年同期下降近 6 个百分点，2009 年以后乡镇企业进入调整期。

---

① 根据《中国乡镇企业及农产品加工年鉴 2009》。

（四）农村劳动力的转移

农村现代化过程中不可或缺的是将农村剩余劳动力转移到第二产业和第三产业。但是，直至1980年，由于户籍制度的严格限制，农村人口向城市转移极为困难。

自1978年起，农村开始实行"家庭联产承包责任制"，在提高农村生产率的同时，也使农村剩余劳动力的问题暴露出来。1984年，政府正式批准农民可以迁往"非农业地区"。新兴的乡镇企业成为吸纳农村剩余劳动力的载体。1983—1988年是乡镇企业迅速吸纳农村剩余劳动力的时期，5年平均每年吸纳了1262万人[1]。1988年7月，劳动部和国务院贫困地区经济开发领导小组提出《关于加强贫困地区劳动力资源开发工作的通知》，这个通知鼓励农村劳动力进行跨地区和跨省流动。

20世纪90年代，农村劳动力的流动规模空前，出现了全国性的"民工潮"。劳动力从四川、湖南、河南等省份经济欠发达地区向北京、上海、广州等省份经济发达的大城市流动。这些外出打工的农村劳动力被称为"农民工"或"民工"。农民工是指户籍仍在农村，进入城市务工和在当地或异地从事非农业劳动6个月及以上的劳动者。随着农民工移动规模的扩大，1994年11月，劳动部颁布了《农村劳动力跨省流动就业管理暂行规定》的通知，试图限制农民工向城市流动，此后政府对农民工颁布了一系列管理政策。农民工在城市就业，必须支付暂住人口管理、计划生育管理等费用。进入21世纪，政府开始纠正这种不公平政策，2005年2月，全面废除对外来务工者的管理制度，终止实施了10余年的不公平政策。

国家统计局《2018年农民工监测调查报告》显示，2018年到

---

[1] 根据《中国乡镇企业30年》。

乡外就业的外出农民工为1.73亿人，约占全国农民工总量（2.88亿人）的60.1%，其余为在乡内就近就业的本地农民工。这近2亿的外出农民工，在城市中是不可或缺的劳动力存在，支撑了城市的劳动力市场。但是，户籍制度以及与其相关的就业制度，将城市居民和外出农民工分割成两个劳动市场，前者由政府行政力量调节的部分居多，后者工资较低，无法充分享受到劳动保障。而且，外出农民工不能享受和城市居民相同的市民权利，在社会保障、子女教育等诸多方面都有差别。另外，外出农民工在城市里生活也存在诸多问题。大量外出农民工的流入加剧了与城市劳动者的竞争，激化了城市的失业问题，加之农民工生活习惯和价值观的差异等也会招致城市居民的不满，甚至其不法行为也给城市的社会治安带来隐患。

第二节 全球化与城市化的发展

如今，随着世界范围内全球化的扩大，全球化对于各个国家和地区来说，也是一个机遇。中国是否也抓住了这个巨大的机遇呢？另外，伴随着全球化的经济增长，也推动了城市化的发展。这一节主要梳理中国的全球化和城市化的发展。

一 全球化的发展

近年，人财物超越国界，在全世界自由流动，业已形成了经济的全球化。这种全球化已经成为世界潮流，发达国家和发展中国家都受到影响。中国也受其影响，被卷入全球化的浪潮中。特别是自从2001年12月加入WTO以来，中国的全球化发展迅速。

中国顺应经济全球化潮流，1978年实行改革开放政策，从沿海到内陆，从经济特区到沿海开放地区，从局部到全局逐步展开。实施改革开放政策40多年来，中国成功地融入了经济全球化的进程，中国经济与世界经济越来越紧密地连接在一起，而中国经济全球化的进程体现在对外贸易上。

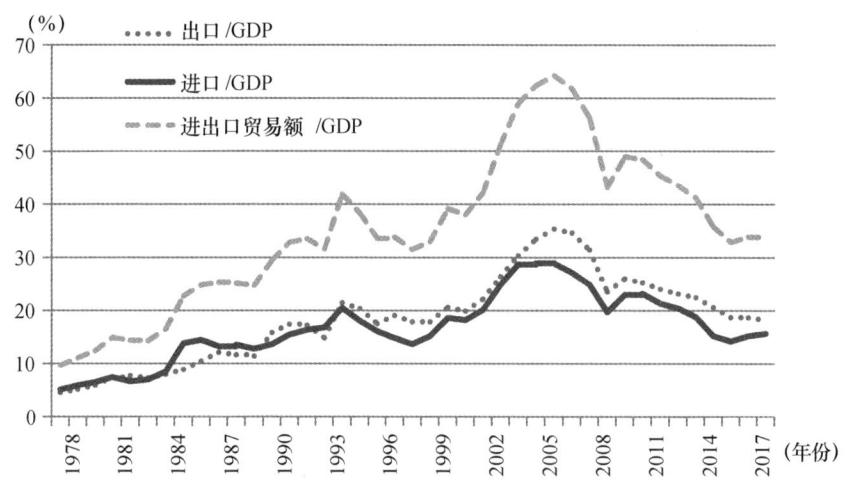

图 2—2　对外贸易在全国 GDP 的比重（1978—2018）

资料来源：根据国家统计局编《中国统计年鉴 2019》整理计算得出。

图 2—2 为 1978 年以来对外贸易的演变趋势，图中表示了进口、出口以及进出口贸易总额占名义 GDP 的比重（以人民币为准）。自 2001 年中国加入 WTO 以来，对外贸易额各数值均呈现显著增长。1994 年以后出口额相对高于进口额所占比重。1978 年出口额和进口额在名义 GDP 中所占的比重分别为 4.6% 和 5.1%，而在 2018 年的比重分别为 18.2% 和 15.7%，进出口贸易总额占名义 GDP 的比重从 1978 年的 9.7% 上升到 2018 年的 33.9%。2006 年达到峰值，出口和贸易总额的比重分别达到 35.4% 和 64.2%。但是，2008 年以后，由于受到世界金融危机的影响，各比重都有所下降。

山东省对外贸易的演变情况如图 2—3 所示，与全国类似，

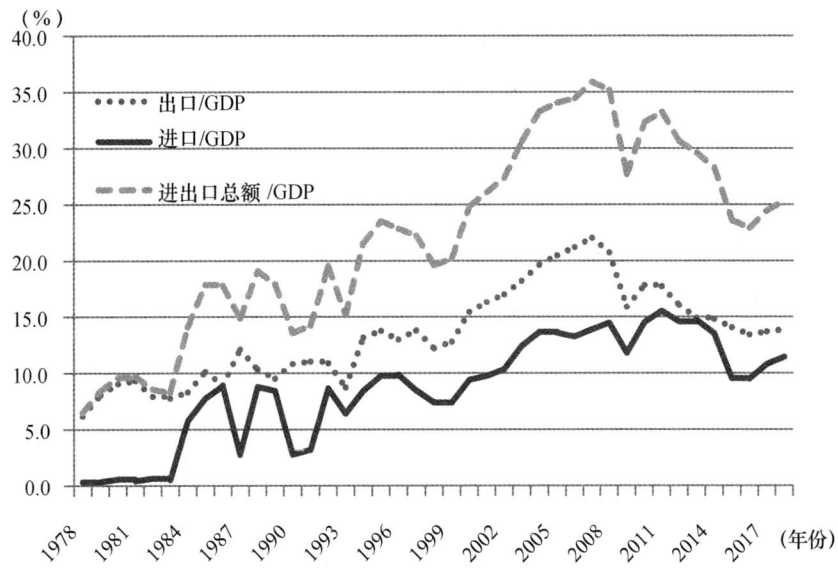

图 2—3　山东省对外贸易的演变（1978—2018）

资料来源：根据山东统计局、国家统计局山东调查总队编《山东统计年鉴 2019》和国家统计局编《中国统计年鉴 2019》整理计算得出。

1978—2007 年，山东省对外贸易额一直呈上升趋势，但受 2008 年金融危机的影响，各比重有所下降，但出口额在 GDP 中所占的比重始终高于进口额的比重。2018 年，出口比重占 GDP 的 13.9%，进口比重为 11.4%，进出口贸易总额比重为 25.3%，占 GDP 近三分之一。虽然近年进出口贸易总额比重持续下降，但可以看出对外贸易活动对山东省经济发展具有重要意义。放眼全国，如图 2—4 所示，可以观察到全国和山东省的进出口贸易总额变化趋势基本相同，近年两者的进出口贸易总额在名义 GDP 中所占比重的差距似乎在逐步缩小。山东省的进出口贸易总额比重趋势变化较为平缓，而全国的进出口贸易比重趋势变化较剧烈。

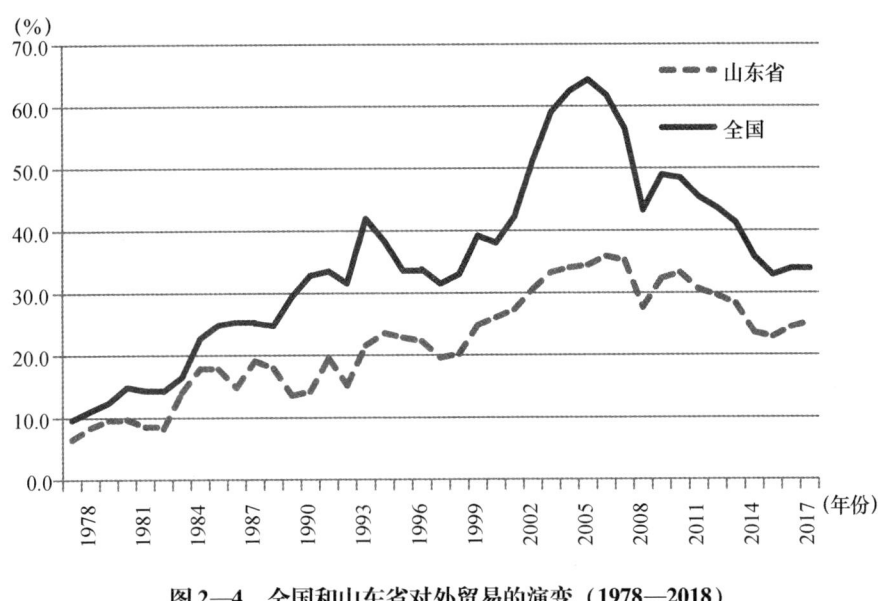

图2—4 全国和山东省对外贸易的演变（1978—2018）

资料来源：同图2—3。

二 城市化的发展

城市化是社会生产力发展的必然产物，同时也是人类社会发展必须经历的自然过程。城市化包括城市的城市化、乡村向城市的转化、乡村内部的城市化。一般来说，城市化伴随着工业化和经济结构的转型。城市化是人口向城市集聚的过程，同时也是经济发展不可或缺的要素——资本和劳动力在同一空间进行再集聚和再分配的过程。随着工业生产的扩大，促进了由农业部门向工业部门的劳动转移和由农村地区向城市地区的人口转移。由于城市产业结构的变化，加快了人口向城市移动的速度。

在中国，"城市化"被称为"城镇化"，这一概念是根据我国的特殊国情和体制量身定做的。中国的"城市"① 一般是指"直辖

---

① 本书按照国际化惯例称为"城市"，但涉及惯用语句或年鉴书籍时，按照出处称为"城镇"。

市"、包含"副省级市"的"地级市"以及"县级市"。而"城镇"是指在上述"城市"的范围加上了"建制镇"①。改革开放后至20世纪90年代，中国开始发展以小城镇为主的"城镇化"，然而，以小城镇为主的"城镇化"有一定局限性，此后，"城镇化"内涵发生很大转变。长期来看，以城市群为主体、大中小城市和小城镇的协调发展才更合理，此时的"城镇化"概念更接近国际上的"城市化"。

1949年新中国成立时，城市人口仅占总人口的10.6%。此后，虽然正式走上了现代化的道路，但由于政府在经济建设上遭受的一些挫折，导致城市化发展停滞不前。从图2—5城市人口的推移情况来看，1978年城市人口数仍停留在总人口数的17.9%。换言之，尽管近30年大力推行社会主义建设，但城市化率仅提高7个百分点。

20世纪80年代以后，城市化在改革开放政策的推动下才开始步入正式发展的轨道。结果显示，城市常住人口从1978年的17245万人增加到2018年的83137万人，城市化率从1978年的17.9%提高到2018年的59.6%。近年来全国城市化率保持年均一个百分点的增速。

同样，进入20世纪80年代后，山东省城市化发展迅速，2018年城市常住人口已达到6147万人，城市化率为61.2%，并于2015年起山东省城市化率（57.0%）超过了全国城市化率（56.1%）。一般而言，根据城市化率可以将城市化发展阶段划分为三个阶段：10%以下为初期阶段、30%—70%为加速阶段、超过70%为成熟阶段②。由此，可以看出，目前全国的城市化和山东省的城市化都已

---

① "建制镇"是指经省、自治区、直辖市人民政府批准设立的镇。
② 孟健軍：《中国の都市化はどこまで進んできたのか》，2011年，経済産業研究所（http://www.rieti.go.jp/jp/publications/dp/11j063.pdf）。

进入城市化发展的加速阶段。

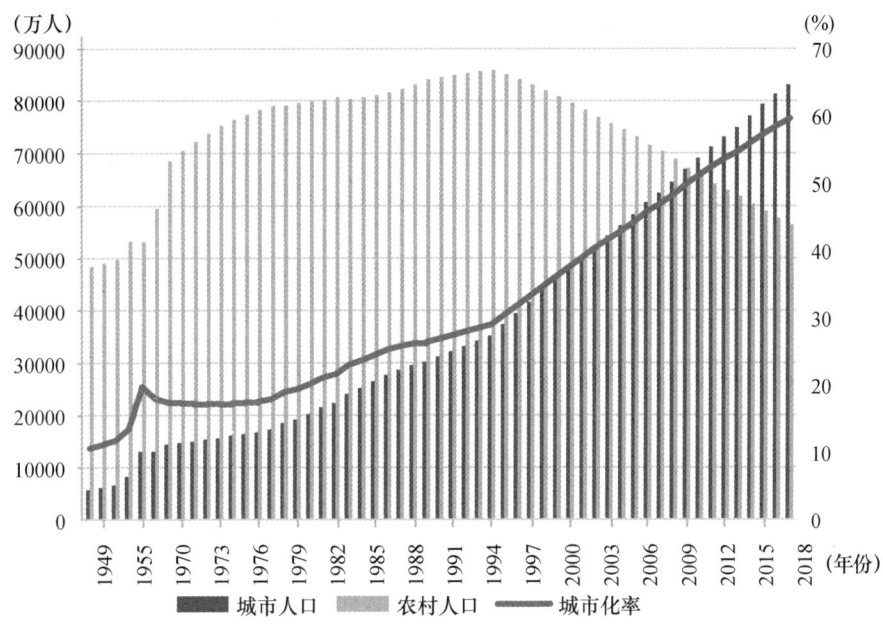

图 2—5 中国城市化进程（1949—2018）

说明：1981年及以前数据为户籍人口数；1982年、1990年、2000年和2010年数据为当年人口普查数据推算数；其余年份为年度人口抽样调查推算数据，即基于常住人口计算城市化率。

资料来源：根据国家统计局编《中国统计年鉴2019》整理计算得出。

第三节　全球化、城市化与收入差距

随着经济全球化的发展，围绕区域间的资源分配，区域间的不平等发展，即区域间的收入差距不断扩大。但是，根据新古典增长理论模型，在经济增长过程中，贫困地区会赶上富裕地区，会消除区域间收入差距[①]。究其原因,第一,在发达国家,随着资本和劳动投入的收益递减而使经济增长率逐渐下降,而落后国家则实现了经济快速增长;第二,由于生产要素在区域间的转移,资本从处于收益递减状态的发达国家向收益递增状态的落后国家转移,劳动力也由落后国家向收入水平高的发达国家转移;第三,知识和技术由发达国家向落后国家转移。基于以上因素,区域间的收入差距逐渐缩小。但是,实际上根据各国的情况,未必存在这样的倾向。在经济增长过程中,除了市场机制的自律作用外,还需要考虑政策因素。另外,在生产要素中,除资本、土地和劳动力等传统的生产要素外,人力资本以及技术知识等新生产要素也可能对经济增长产生较大影响。

在此,笔者未从新古典增长理论模型的视角出发,而是从国际贸易论的视角来考察全球化、城市化与收入差距的关系。

一 全球化与收入差距

全球化的过程也是一个国家内部分工发展的过程,通过这种分工不仅推动了经济活动的专业化,而且促进了伴随着技术革新的经济增长。近年来,围绕国际分工,碎片化(Fragmentation)理论和新经济地理学等国际贸易理论已成为一种新潮流。在传统的贸易理论中,发展中国家生产和出口技术水平低的劳动密集型产品,发达国家则利用先进技术生产和出口资本密集型产品。在选择产业布局时,基于技术水平和要素价格的国际差异,传统的比较优势理论具有一定的解释能力,主要追求产业或行业布局的优势,而在贸易活动中也只考虑成品(最终产品)贸易。

[①] Barro, R. and Sala-i-Marin, X., "Convergence", *Journal of Political Economy*, Vol. 100, 1992, pp. 223 – 251.

在经济全球化的背景之下，自1980年起，特别是除日本以外的东亚地区出现了新的制造业国际分工体系。它从以不同产业间交易为中心的垂直分工，转变为以直接投资实现生产工序多国间的共享或产品差异化的水平分工，即在一个企业内垂直地细分生产工序，其中一部分在工厂外进行生产，甚至是跨国分担生产工序，不是通过最终产品而是中间投入品进行贸易。

这样的生产工序分工被称为碎片化分工。根据木村福成的定义，"碎片化就是将原本在一个地方进行的生产活动分解成多个生产模块（Production block），将生产活动分别按照其适合的布局条件进行分散布局"①。例如，包括半导体在内的电子机械产业并不是布局在生产要素丰富的发达国家，而是将生产这个最终产品之前所需的各种生产工序细分化，譬如知识密集型工序、资本密集型工序、劳动密集型工序等，通过分工将各个生产工序转移到最佳布局地的方式以提高生产效率②③。

即使在一个企业内，根据生产工序的细分化，分散布局生产模块，有的工序集中了技术人员，而有的工序可能几乎是劳动密集型的。也就是说，活用每个工序的技术特性，分别分散到适合其生产活动布局条件的地方。根据这种分工体制，促使产业间贸易向产业内贸易发展。综上所述，将人力资本密集型生产和劳动密集型生产分割开来，容易引起产业间和员工间的工资差距，扩大专业技术人员收入阶层和简单体力劳动人员收入阶层之间的收入差距④。

---

① 木村福成：《国際貿易理論の新たな潮流と東アジア》，《開発金融研究所報》2003年第14号。
② 本多光雄：《東アジアの国際分業・産業集積に関する一考察——新国際分業への模索》，《経済科学研究所紀要》2006年第36号。
③ 梅崎創：《アジア総合開発計画と日本の役割》，《日本貿易会月報》2010年No.682。
④ 木村福成：《国際貿易理論の新たな潮流と東アジア》，《開発金融研究所報》2003年第14号。

即使是在制造业很发达的中国也盛行这种国际分工。2018年中国对外贸易额已占名义 GDP 的三分之一。虽然全球化的发展促进了中国经济的高速增长，但是社会各阶层的收入差距却在不断扩大，产业间差距和区域间差距也在不断扩大。

二 城市化与收入差距

基于碎片化来决定多个生产模块布局时，必须考虑用于连接分散布局的生产模块的服务链接成本。服务链接成本包括运输成本、通信成本等各种交易成本，如何降低服务链接成本直接关系到碎片化生产成本的降低，因为生产模块主要集中在服务链接成本低的地方。

在经济地理学中，这种经济活动被称为集聚（Agglomeration），即产业集聚。根据木村福成的定义，"集聚主要是强调基于经济活动在地理布局上的集中以提高生产效率的理论"。这种集聚带来的效益是，当某个地区的经济活动的集聚程度越高时，生产成本就会越低[1]。

实际上，产业集聚会产生集聚效应和分散效应[2]。在产业集聚形成的初期阶段，很多企业都会向产业集聚的地方集中，产生集聚效应；另外，随着产业集聚的发展，工资等生产成本就会上升，很多企业从产业集聚中撤离出来，产生了分散效应。

集聚效应不仅具有规模经济的优点，还具有区域专业化经济和城市化经济的优点。城市化经济就是集聚经济的一种，并从中孕育出规模经济。不同产业间的提携合作产生外部性，不仅促进区域经济的活性化，而且，由于多种行业的参与增强了集聚效应，使区域

---

[1] 木村福成：《国際貿易理論の新たな潮流と東アジア》，《開発金融研究所報》2003年第14号。

[2] 同上。

经济的基础设施发挥其规模经济效应。城市化的发展也是集聚效应的结果，集聚的逐步增强会产生出新的集聚效应。邻近企业之间存在正外部性，即使没有发挥企业自身的规模经济效应，由于企业之间的相乘效果而获得的服务和信息，基础设施的共享，劳动力市场的稳定，劳动生产率的提高等都会推动产业结构的转型升级。在这个过程中，企业间的竞争也会优化劳动力资源的配置。城市化的发展本身也是第二产业和第三产业发展的结果，特别是城市企业的集聚效应促进了第三产业的发展，因为第三产业与第二产业相比，对于规模经济的要求更高，而集聚效应正是规模经济的体现。特别是在作为发展中国家的中国，产业集聚带来了产业结构的转型和产业布局的重组，加速了农业部门的剩余劳动力向工业部门的劳动转移以及区域间的劳动转移。在初期阶段，凭借市场机制发挥规模经济效应，推动城市化进程和区域经济的发展。然而，这种农村地区剩余劳动力向城市地区的转移，以及内陆地区向沿海地区的区域间转移，也有可能引起城乡收入差距或区域差距。

随着城市化集聚效应的增强，边际效益递减引起了规模不经济。当投入的资本和资源达到一定程度时，会面临人口膨胀、市场趋于饱和的边际状态，造成城市居民的生活成本显著增加，城市整体效益降低，这种状态反而会对企业和居民产生负外部性。同时，当劳动力供给大于需求时，城市会出现高失业率和不充分就业，也会造成规模的不经济。这时，分散效应驱使城乡之间的生产要素转移，主要引起生产要素由城市向农村地区的回流。首先，企业为了降低生产成本，将生产工序转移到工资水平较低的地区或远离城市中心的郊区，在向城市的周边地区或农村转移的过程中，整合了农村地区的基础设施和交通网络，随着产业转移，劳动力也随之转移，从而增加了劳动力的就业机会。其次，通过强化教育事业，在提高农村地区生产效益的同时,也增加了农村居民收入。在这种情况下,城市化有可能会缩小城乡之间的收入差距。因此,仅仅依靠市场机制很容易产生不利影响,可以借助政府的干预降低服务链接成本。譬如,为了将企业或生产工序迁移到工资水平较低的地区,需要在新地区完善电力和自来水等基础设施,在政府干预之下,通过贸易的自由化和基础设施投资等方式,以实现削减服务链接成本的目标[1]。

---

[1] 木村福成:《国際貿易理論の新たな潮流と東アジア》,《開発金融研究所報》2003 年第 14 号。

第三章

经济发展与收入分配的理论背景考察

第一节 收入分配的界定和中国收入分配制度的发展

一 收入分配的界定

(一) 收入的含义

在国家统计局的统计解释中,与中文"收入"对应的英文表述为"Income"。在本书中,收入一般是指个人可支配收入(Personal disposable income)。对于城市居民家庭和农村居民家庭在可支配收入的定义上存在若干差异,前者记作"可支配收入",后者记作"家庭纯收入",含义基本一致,具体定义分别如下:

城市居民家庭可支配收入
=家庭总收入-交纳个人所得税-个人交纳的社会保障支出-记账补贴

农村居民家庭纯收入
=总收入-家庭经营费用支出-税费支出-生产性固定资产折旧-赠送农村内部亲友支出

居民可支配收入指家庭成员得到可用于最终消费支出和其他非义务性支出以及储蓄的总和，即居民家庭可以用来自由支配的收入。由此可见，可支配收入主要是决定生活必需品支出和其他固定费用支出（为维持个人或家庭生活的衣食住行等不可缺少的支出）等消费支出的最重要因素，被视为衡量生活水平的手段。

（二）收入分配的范围

收入分配（Income distribution）是指通过生产活动产生的劳动收入，应该在与之相关的经济主体之间如何分配。

广义的收入分配是指国民收入总额的分配，即政府、企业、家庭三者之间的收入分配。狭义的收入分配，是指国民收入的个人间分配，即个人收入分配。从经济学角度出发，劳动、资本、土地和企业家这四个生产要素共同制造出产品，通过分配将产品在这四个生产要素间进行配置。也就是说，作为初级分配，劳动获得工资，资本获得利息，土地获得地租，企业家获得利润，可以说分配理论是研究这些要素的收入分配如何决定的理论。

二　中国收入分配制度的发展

收入分配问题在政治和经济领域都是一个重要问题。收入分配是社会再生产过程的重要组成部分，是连接生产和消费的一环，反映了各经济主体的利益关系。分配制度是否合理，关系到国民经济的可持续发展，甚至关系到社会安定。

中国的收入分配制度的改革，是根据各个时代的收入分配理论来实践的。在制度改革过程中，探讨了其理论和实践的合理性。理论和制度创新相辅相成，共同发展。初期的指导理论是"按劳分配"（马克思主义中的"各取所需、按劳分配"），并以此为基础推动了收入分配制度的发展。自1978年改革开放以后，中国收入分配制度的发展大致可分为五个阶段。

(一) 第一阶段 (1978—1986 年)

在改革开放初期,随着市场调节机制的逐步引入,打破了长期以来形成的绝对平均主义制度,提出了按劳分配理论。

1978 年 3 月,邓小平发表了题为"坚持按劳分配原则"的讲话,同年 5 月《人民日报》刊登了《贯彻执行按劳分配的社会主义原则》的评论文章,这些基本思路都指出"贯彻按劳分配是发展社会主义经济的最重要原则"。在 1978 年 12 月召开的十一届三中全会精神的指引下,收入分配体制的改革率先从农村展开,开始探索实行家庭联产承包责任制,这成为农村贯彻按劳分配原则的一种实现形式。1984 年 10 月党的十二届三中全会通过了《中共中央关于经济体制改革的决定》,进一步提出建立多种形式的经济责任制,认真贯彻按劳分配原则,并且肯定了农村实行承包制的基本经验同样适用于城市。明确规定,企业职工工资和奖金同企业经济效益挂钩;在企业内部,扩大职工工资的差距,拉开档次,充分体现"多劳多得、少劳少得";国家机关、事业单位工资同本人肩负的责任和劳绩密切联系起来。1985 年 1 月,国务院发布《关于国营企业工资改革问题的通知》,决定在国有大中型企业中实行职工工资总额同经济效益按比例浮动的办法,内部工资分配由企业根据自身的实际情况自行处理。同时,对机关、事业单位实行结构工资,目的是使劳动者劳动报酬与劳动贡献更紧密地联系起来,这一系列调整极大地调动了职工的劳动积极性。

(二) 第二阶段 (1986—1992 年)

在这一阶段,随着社会主义经济体制改革的不断推进,逐步确立以按劳分配为主体、其他分配方式为补充的分配制度。

在 1987 年 10 月召开的中国共产党第十三次全国代表大会中,提出社会主义初级阶段的分配理论,明确提出"在公有制为主体的前提下继续发展多种所有制经济",为了鼓励其他经济成分的快速发展，在分配政策上，报告明确提出"社会主义初级阶段的分配方式不可能是单一的。我们必须坚持的原则是，以按劳分配为主体、其他分配方式为补充"。这是收入分配理论的一大进步，除按劳分配获得的收入外，资本收入和经营收入也得到了认可。这一理论顺应了当时改革过程中多种所有制的发展。这一时期，城市三资企业和私营企业快速发展，农村也涌现了大量具有多种所有制形式的乡镇企业，随着以公有制为主体，其他多种所有制成分的逐步发展，收入分配制度改革为适应这种所有制结构的变化，确立了以按劳分配为主体，其他分配方式为补充的分配制度。这肯定了其他分配方式的合法存在，但是这一时期的其他分配方式只是处于补充地位。另外，报告还提出"我们的分配政策，既要有利于善于经营的企业和诚实劳动的个人先富起来，合理拉开收入差距，又要防止贫困悬殊，坚持共同富裕的方向，在促进效率的前提下体现公平"。这是效率优先、兼顾公平的雏形，是收入分配理论的巨大进步。

（三）第三阶段（1992—2002 年）

在这一阶段，随着社会主义市场经济体制改革目标的确立，明确提出把按劳分配和按生产要素分配结合起来，实行以按劳分配为主体，多种分配方式并存的分配制度。

在 1992 年 10 月党的十四大上，明确提出"在分配制度上，以按劳分配为主体，其他分配方式为补充，兼顾公平与效率。运用包括市场在内的各种调节手段，既鼓励先进，促进效率，合理拉开收入差距，又防止两极分化，逐步实现共同富裕"。1993 年 11 月召开的党的十四届三中全会通过了《中共中央关于建立社会主义市场经济体制若干问题的决定》（以下简称为《决定》），专门就建立合理的个人分配制度进行了部署。《决定》修改了原来的其他分配方式作为补充的提法，第一次提出了"坚持以按劳分配为主体、多种分配方式并存的制度",突破了以前的兼顾效率与公平,首次提出了"效率优先、兼顾公平的原则",也提出了"在建立市场经济体制和现代企业制度的基础上,分配理论应该遵循市场经济的规律"。同时,进一步提出"国家依法保护法人和居民的一些合法收入和财产,鼓励城乡居民储蓄和投资,允许属于个人的资本等生产要素参与收益分配"。这里首次提到了"生产要素参与分配"的问题,赋予了社会主义市场经济体制下分配理论新的含义。1996年3月召开的全国人大八届四次会议通过了《中华人民共和国国民经济和社会发展"九五"计划和2010年远景目标纲要》,对收入分配的内容进一步深化,提出"坚持和完善按劳分配为主体、多种分配方式并存的分配制度。深化企业工资收入分配制度的改革,发挥市场竞争机制的调节作用,建立企业自我调节、自我约束的分配机制,形成工资收入增长与劳动生产率、经济效益提高相适应的关系。规范和完善其他分配方式,土地、资本、知识产权等生产要素,按有关规定公平参与收益分配"。1997年9月召开的党的十五大,第一次明确提出了在收入分配的实践中要"把按劳分配和按生产要素分配结合起来"的分配政策,首次使用并明确了"按生产要素分配"的地位,并进一步提出"允许和鼓励资本、技术等生产要素参与收益分配",为解决生产要素在社会主义市场经济条件下能否参与收入分配问题提供了政策支持。

(四)第四阶段(2002—2012年)

在这一阶段,随着社会主义市场经济体制的日趋完善,按劳分配与按生产要素分配相结合的分配政策也逐步完善,明确了生产要素参与分配的原则,更加重视收入分配差距问题,强调公平。

2002年11月党的十六大明确提出"确立劳动、资本、技术和管理等生产要素按贡献参与分配的原则,完善按劳分配、多种分配方式并存的分配制度",既肯定了劳动在财富创造过程中所发挥的决定性作用，又肯定了非劳动生产要素在财富生产中的重要作用，解决了劳动与非劳动生产要素如何参与收入分配的问题，即按贡献多少参与收入分配。同时，开始逐步重视收入分配差距的问题，具体来看，在效率与公平的关系上，强调初次分配注重效率，再分配注重公平，明确提出"坚持效率优先、兼顾公平"，既要提倡奉献精神，又要落实分配政策；既要反对平均主义，又要防止收入悬殊。初次分配注重效率，发挥市场的作用，鼓励一部分人通过诚实劳动、合法经营先富起来。再分配注重公平，加强政府对再分配的调节职能，调节差距过大的收入。同时，提出了"以共同富裕为目标，扩大中等收入者比重，提高低收入者收入水平"。此后，为调节收入分配差距，2003年10月党的十六届三中全会进一步提出了整顿和规范分配秩序，加大收入分配调节力度，重视解决部分社会成员收入差距过分扩大问题，提出加强对垄断行业收入分配监管等具体措施。2007年10月党的十七大更是直接提出"合理的收入分配制度是社会公平的重要体现"，直接在初次分配上就开始强调公平的问题，首次提出了"初次分配和再分配都要处理好效率和公平的关系"，强调了"再分配要更加注重公平"，提出了"逐步提高居民收入在国民收入分配中的比重，提高劳动报酬在初次分配中的比重"的目标。第一次明确提出"创造条件让更多群众拥有财产性收入"；明确指出"健全劳动、资本、技术、管理等生产要素按贡献参与分配的制度"；另外，提出了逐步缩小收入差距的措施。一方面对低收入群体要求"着力提高低收入者收入，逐步提高扶贫标准和最低工资标准"；另一方面对高收入群体要求"保护合法收入，调节过高收入，取缔非法收入"以及"扩大转移支付，强化税收调节，打破经营垄断，创造机会公平，整顿分配秩序"。2010年10月党的十七届五中全会通过的《中共中央关于制定国民经济和社会发展第十二个五年规划的建议》也强调，"要完善收入分配制度，合理调整国民收入分配格局,着力提高城乡中低居民收入"。在这些分配政策的指引下,政府也采取了很多缩小收入分配差距的政策。

(五)第五阶段(2012年至今)

党的十八大以后,在经济发展水平不断提高的背景之下,收入分配改革更加重视收入分配的公平性,更加强调在发展的基础上由广大人民共享改革开放的成果,收入分配的总体格局在近几年也得到明显地改善。

2012年11月党的十八大指出"实现发展成果由人民共享,必须深化收入分配制度改革",提出了"两个同步""两个提高"的目标:"努力实现居民收入增长和经济发展同步、劳动报酬增长和劳动生产率提高同步,提高居民收入在国民收入分配中的比重,提高劳动报酬在初次分配中的比重。"对于效率与公平的关系,较以前又将公平放在了更加重要的位置,要求"初次分配和再分配都要兼顾效率和公平,再分配更加注重公平"。并且进一步提出"完善劳动、资本、技术、管理等要素按贡献参与分配的初次分配机制,加快健全以税收、社会保障、转移支付为主要手段的再分配调节机制"。紧接着在2013年2月,国务院批转了国家发展改革委、财政部、人力资源社会保障部制定的《关于深化收入分配制度改革的若干意见》(以下简称为《意见》),《意见》指出"要继续深化收入分配制度改革,优化收入分配结构,调动各方面积极性,促进经济发展方式转变,维护社会公平正义与和谐稳定,实现发展成果由人民共享,为全面建成小康社会奠定扎实基础"。《意见》从收入分配改革的重要性和艰巨性、总体要求和总体目标、继续完善初次分配机制、加快健全再分配调节机制、建立健全促进农民收入较快增长的长效机制,推动形成公开透明、公正合理的收入分配秩序,以及加强深化收入分配制度改革的组织领导等方面对今后收入分配改革的总体目标、路径和政策举措等做出了要求与部署。此后，收入分配制度不断完善，2013 年 11 月党的十八届三中全会明确提出"健全资本、知识、技术、管理等由要素市场决定的报酬机制"，并进一步要求"清理规范隐性收入，取缔非法收入，增加低收入者收入，扩大中等收入者比重，努力缩小城乡、区域、行业收入分配差距，逐步形成橄榄型分配格局"。2015 年 10 月党的十八届五中全会通过的《中共中央关于制定国民经济和社会发展第十三个五年规划的建议》提出了共享发展的理念，并要求"坚持共享发展，着力增进人民福祉"，专门就"缩小收入差距"做出了战略部署，又从完善初次分配制度、健全再分配调节机制、规范收入分配秩序等方面进行了具体阐述。随着一系列政策措施的实施，近年收入分配的总体格局得到了明显地改善。

第二节　经济发展与收入分配的相关理论

与经济发展和收入分配的相关理论，本书主要列举了刘易斯的二元经济结构理论、库兹涅茨的"倒 U 型假说"理论、卡尔多的收入分配与经济增长理论。

一　刘易斯的二元经济结构理论

二元经济结构模型（Dual sector model）于 1954 年由英国经济学家刘易斯（W. A. Lewis）提出，也被称为刘易斯模型[①]。刘易斯模型阐述了城市工业部门的发展，吸收农业部门的过剩劳动力，通过资本积累来完成工业化的机制。在发展中国家的经济发展过程

---

① Lewis, W. A., "Economic Development with Unlimited Supplies of Labor", *The Manchester School of Economic and Social Studies*, Vol. 22, No. 1, 1954, pp. 139 – 191.

中，农村中以传统生产方式为主的"传统农业部门"和城市中以制造业为主的"现代工业部门"同时并存，"传统农业部门"也被称为"最低生存费部门"（人们依赖于得到最低限度的粮食收入而生存的状态），在这一部门中，劳动生产率极低或边际劳动生产率为零，存在着对生产没有实际贡献的剩余劳动力，工资水平极低。与之相对，"现代工业部门"具有规模经济特点，拥有先进的生产和管理技术，企业为追求利润最大化，资本家持续将获得的利润用于储蓄和投资。

随着现代工业部门的发展，资本积累对劳动力的需求随之增加。工业部门的劳动生产率远高于农业部门，而农业的边际劳动生产率为零或近乎为零。劳动者在这种"传统的工资"水平上提供劳动，无论多少劳动力，农业部门都能提供，因而对工业部门的劳动供给是无限的，其具体表现为传统部门中存在着大量的隐蔽失业者。这些大量隐蔽失业人口的存在，既是传统部门生活水平低下和发展受阻的根源，又是现代工业部门扩张所需劳动力的源泉。同时，在提供同等质量和同等数量的劳动力条件下，非熟练劳动者在工业部门的工资高于农业部门，这种工资差异也致使农业部门的剩余劳动力不断向工业部门转移，直至两部门工资水平相近为止。因此刘易斯理论也被称为"劳动力无限供给理论"。

农业部门劳动力的无限供给是经济发展的前提条件，而经济发展的推动力来自工业部门。传统农业部门边际劳动生产率为零的隐蔽失业者和剩余劳动力的出现，使工业部门可以形成剩余产出，而剩余产出又通过利润的再投资增加资本存量，不断扩大资本规模，从而创造更多的劳动机会，吸纳更多的农业剩余劳动力，可以说，这种劳动力的转移推进了工业化进程和产业结构的转型，而这正是经济发展的关键。这种情况一直延续到农业部门的剩余劳动力被工业部门吸收完毕，农业部门的边际劳动生产率不再为零。城市工业部门不提高工资水平就不会再有农业劳动力的供给，如果超过刘易斯拐点（Lewis turning point），即劳动力过剩向短缺的转折点，这时工业部门劳动者和农业部门劳动者的收入都将随着投资的增加而提高，农业部门也将实现现代化，两部门的发展处于均衡状态，二元经济结构也由此消失。在这个工业化过程中，大量农村人口向城市自由迁移，工业化和城市化同时进行。刘易斯主张收入分配不平等是加速二元经济增长的必要条件，由于收入分配的不平等，收入集中在少数者手中，加速资本积累后，摆脱二元经济低水平的均衡，实现二元经济增长和经济结构的转型。另外，刘易斯还主张缩小收入差距和经济增长是不能同时实现的。

在此，用图解来说明刘易斯模型。根据图3—1，横轴表示社会劳动人口总数。从左端 L_{I0} 向右端测量现代工业部门的就业，从右端 L_{A0} 向左端测量传统农业部门的就业。纵轴的左侧是工业部门的边际劳动生产率（MP_I），右侧是农业部门的边际劳动生产率（MP_A），将最低生存水平的工资设为 W。工业部门就业的劳动力为 L_{I0}、L_{I1}，农业部门就业的劳动力为 L_{A0}、L_{A1}。此时，工业部门的边际劳动生产率为 MP_{I1}，农业部门的剩余劳动力规模为 L_{I1}、L_{A1}。随着工业部门规模的扩大，边际劳动生产率曲线向右移到 MP_{I2} 时，工业部门就业的劳动力变为 L_{I2}，L_{I1}、L_{I2} 为发生的劳动力转移。增加的部分是农业部门供给的剩余劳动力，工资水平一直固定在 W 上，也就是说，虽然工业部门就业人口有所增加，但工资水平是一定的。对于工业部门而言，由于剩余劳动力的存在，容易积累资本。这种情况被称为劳动力的无限供给，这种劳动力的无限供给是工业部门保证利润增加的源泉。随着工业化的推进，当工业部门的边际劳动生产率曲线转移到 MP_{I3} 时，农业部门的剩余劳动力枯竭，劳动力由过剩转为短缺，意味着达到刘易斯拐点。如果当边际劳动生产率曲线继续移至 MP_{I4} 时，工资水平将无法保持最低生存水平 W，而

会上升至 W^*。

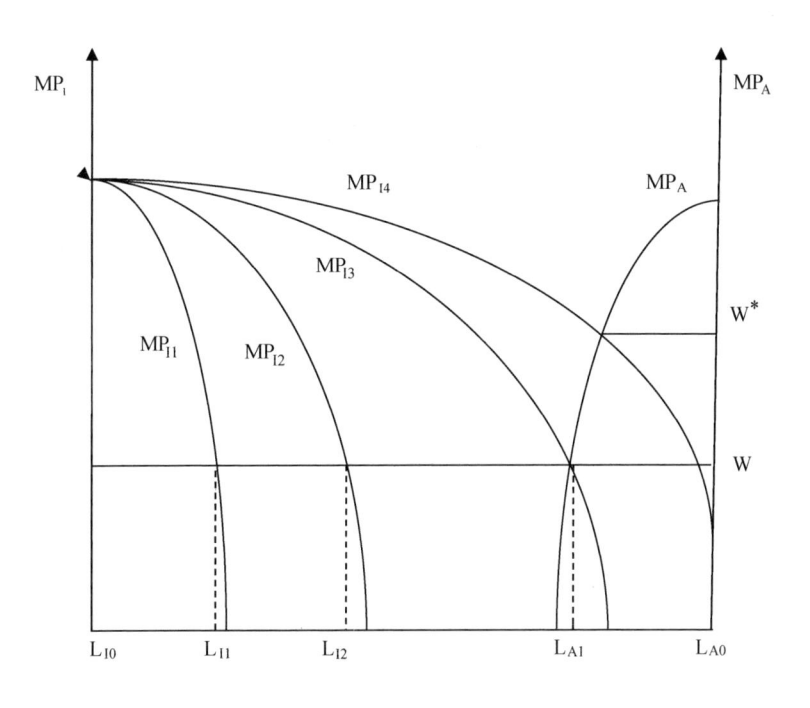

图 3—1　刘易斯二元经济结构模型

刘易斯的二元经济结构模型暗示着剩余劳动力的存在有利于工业化初期阶段的资本积累。但是，这种二元经济结构模型能否适用于中国？综上所述，符合刘易斯二元经济结构模型的关键是"剩余劳动力的转移"，剩余劳动力由低生产率的传统部门向高生产率的现代部门转移。这个模型里没有"地区"的概念，设想有两个不同"部门"或"产业"，如果是限定在一个地区的两个"部门"，传统部门是指农村中存在的农业部门，现代部门是指城市中存在的工业部门，这种逻辑解释并无不妥。也就是说，剩余劳动力的转移意味着"区域间的劳动力转移"。但是，以此进行解释时，这个模型的局限性就会显现，因为中国历来就存在着区分城市居民和农村居民的户籍制度。如第二章所介绍的，由于户籍制度，农民很难离开农地，这样就限制了农村劳动力向城市的自由流动。因此，中国的二元经济结构模型并不是完全意义上的刘易斯模型。

二 库兹涅茨的"倒 U 型假说"理论

关于经济增长和收入分配的关系，1955 年美国经济学家库兹涅茨（Simon Kuznets）提出的"倒 U 型假说"（Inverted – U hypothesis）广为人知[①]。根据对欧美 18 个国家资料的实证分析，得出结论：在经济未充分发展的阶段，随着经济发展，收入分配将趋于不平等，之后，当到达经济充分发展的阶段，收入分配将趋于平等。

图 3—2 的纵轴表示收入分配不平等程度，横轴表示人均 GDP 的水平，也就代表了经济发展水平。如图所示，收入分配与经济发展的关系呈现倒 U 字型，因而被命名为库兹涅茨"倒 U 型假说"。与刘易斯二元经济结构模型类似，库兹涅茨分析经济增长与收入分配的关系是基于从传统农业部门向现代工业部门的转变过程进行的。他认为工业化和城市化的过程就是经济增长的过程，在这一过程中收入差距会发生趋势性的变化。假设有传统农业部门和现代工业部门两个部门的模型，各部门收入分配不平等程度的变化可以由如下三个因素的变化来说明。这三个因素分别是：按部门划分的个体数的比例、部门之间收入的差别、部门内部各方收入分配不平等的程度。这三个要素随着经济发展起到如下作用：经济发展初期，在农业向工业化发展的过程中，资本和劳动力等生产要素从农业部门向工业部门转移，由于不平等程度较高的工业部门比重增加，随着工业部门平均收入的上升，收入不平等度逐渐扩大；一旦经济发展达到较高水平阶段，由于工业部门的比重占据支配地位，比重变

---

① Kuznets, S., "Economic Growth and Income Inequality", *American Economic Review*, Vol. 45, No. 1, 1955, pp. 1 – 28.

化所起的作用将缩小，部门之间的收入差距将缩小，各部门内部的分配也趋于平等，随着工业化的完成，收入差距将趋于缩小。特别是在发展中国家向发达国家过渡的过程中，收入差距将由扩大转向缩小。

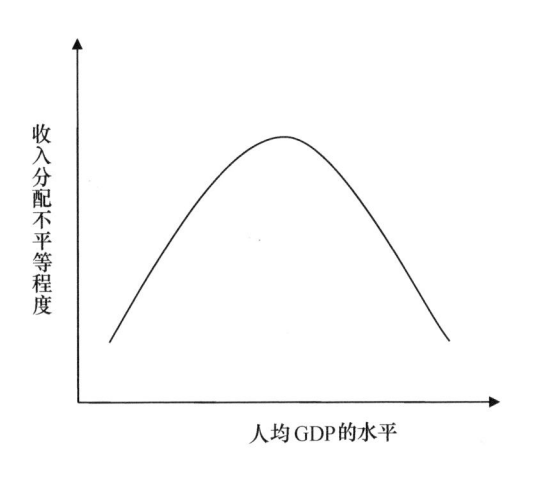

图3—2　倒U型假说

另外，库兹涅茨（1966）就"倒U型假说"进行解释[①]，指出在经济发展的初期阶段，收入差距扩大的主要原因有两个：第一，储蓄集中在少数富裕阶层，储蓄作为资本积累的一种方式，成为经济发展的原动力，造成贫富差距；第二，工业化和城市化是经济发展的必然结果，随着城市化的发展会扩大收入差距。另外，伴随着工业化和城市化，人口从以农业为中心的传统部门向以工业为中心的现代部门转移的过程被称为"库兹涅茨过程"（Kuznets process）。

库兹涅茨还就达到一定发展阶段后收入差距缩小指出了三点原因：第一，农业劳动者的人均劳动生产率上升，产业之间的劳动生

---

① Kuznets, S., *Modern Economic Growth: Rate, Structure, and Spread*, New Haven: Yale University Press, 1966.

产率差距缩小；第二，收入差距较大的个体经营者减少的同时，收入差距较小的就业者增加；第三，完善遗产税、所得税以及社会保障制度可以有效抑制不平等程度。

"倒U型假说"可以作为研究城乡收入差距的一个切入点。但是，这一假说并非适用于所有国家，由于影响收入差距的因素有很多，有必要对收入差距与经济增长的关系进行详细分析。同样，中国是否符合库兹涅茨的"倒U型假说"也不能一概而论。改革开放以来，随着经济增长，中国收入差距有扩大的趋势，这似乎符合"倒U型假说"的左端部分趋势，一直这样发展下去，收入差距是否会逐渐接近"倒U型曲线"的顶点或超过顶点进入"倒U型曲线"的右端，还有待进一步验证。

三 卡尔多的收入分配与经济增长理论

在西方经济学经典文献中，新剑桥学派的经济增长理论把经济增长同收入分配紧密结合在一起，并着重考察随着经济增长分配结构如何变化，同时研究决定这种变化趋势的基本因素。英国经济学家罗宾逊（John Robinson）和卡尔多（Nicholas Kaldor）是新剑桥学派经济增长理论的奠基者。1955年，卡尔多在《可选择的分配理论》中提出了自己的经济增长模型[①]。在卡尔多的经济增长模型中，经济增长速度与收入分配之间存在着内在联系。他认为，既然社会的收入是在各个阶级之间进行分配的，每一个阶级都有自己的固定不变的储蓄倾向，那么，收入分配中利润和工资的比例关系就直接影响到整个社会的储蓄水平，从而决定了资本积累率和经济增长速度。另外，要达到一定的经济增长速度，需要有一定的资本积

---

① Kaldor, N., "Alternative Theories of Distribution", *Review of Economic Studies*, Vol. 23, 1955, pp. 83 – 100.

累率,从而也要有相应的收入分配的比例关系。因此,经济增长速度和资本积累率也是影响收入分配的重要因素。

假设,经济中只有两种要素:资本和劳动,因此全部的收入(Y)只划分为工资(W)(劳动者收入)和利润(P)(资本收入)两部分:

$$Y = W + P \tag{3—1}$$

劳动者收入中用于储蓄的部分(S_w)和资本中用于储蓄的部分(S_p)的总和为 S,即储蓄总额,则:

$$S = S_w + S_p \tag{3—2}$$

劳动与资本各自有不同的储蓄率 sw(劳动者收入总额中储蓄所占的比例)和 sp(利润总额中储蓄所占的比例),且 sp > sw,这时,式(3—2)变为式(3—3):

$$S = sw * W + sp * P \tag{3—3}$$

根据凯恩斯原理,在均衡增长条件下,储蓄等于投资 I,

$$I = S \tag{3—4}$$

再将式(3—1)变形为 $W = Y - P$,代入式(3—3)(3—4):

$$I = sw * (Y - P) + sp * P = sw * Y + (sp - sw) * P \tag{3—5}$$

进一步,方程两边都除以 Y,变为:

$$I/Y = sw + (sp - sw)P/Y \tag{3—6}$$

再将式(3—6)以利润在收入中的份额(P/Y)的形式表示出来,即卡尔多的经济增长模型:

$$P/Y = (I/Y)/(sp - sw) - sw/(sp - sw) \tag{3—7}$$

在卡尔多的模型中,收入分配和资本积累是直接相关。从式(3—7)可以看出,当 sp 和 sw 既定时,资本积累率(I/Y)直接影响着利润在收入中的份额(利润分配率)(P/Y),也可以说,投资量直接决定着利润量的大小。$I/sp - sw$ 被称为"收入分配的灵敏度系数"(Coefficient of sensitivity of income distribution),它意味着资本积累率的变化对利润分配率的影响。$sp-sw$ 的差额越大，资本积累率（I/Y）的变化对利润分配率（P/Y）的影响就越小；反之，$sp-sw$ 的差额越小，资本积累率的变化对利润分配率的影响就越大。在假设 $sp>sw$ 之下，利润分配率（P/Y）将与资本积累率（I/Y）呈同方向变化。P/Y 是 I/Y 的增函数，同时 I/Y 的上升也使 P/Y 上升。换言之，P/Y 的上升使 I/Y 上升，从而推动经济增长，反之，则不利于推动经济增长。

关于经济均衡增长的条件，只要把 $sp>sw$ 这一限制条件作为收入分配机制运用到经济增长模型中去，则经济均衡增长不仅存在，而且稳定。在现实经济生活中，S 与 I 的任何偏离都会引起收入分配的变化，最终 S 会适应 I。例如，在充分就业条件下，增加投资致使社会总需求增加，将会出现价格上涨率超过工资增长率的后果，收入分配的变化有利于利润 P 的增加，并降低工资 W 在收入 Y 中的份额，由于 $sp>sw$，收入分配的变化使社会总储蓄额增加，S 与 I 恢复平衡。也有可能出现相反的情况，投资和社会总需求趋于全面缩减，则价格的下跌会超过货币工资下降的速度，收入分配的变化将有利于劳动者，由于 $sp>sw$，会使社会总储蓄额减少，S 与 I 恢复平衡。这种通过收入分配变化来调整储蓄，使之适应投资的分配机制，通常被称为"卡尔多效应"（Kaldor's Law）。因此，在短期内，收入分配是投资和总需求及相对价格变动的函数。

根据卡尔多的经济增长模型，收入分配直接影响到资本积累率的大小，当利润收入占国民收入份额与工资占国民收入份额一定时，资本积累率和经济增长率的任何上升都要求利润在国民收入中的份额增加，这就意味着经济增长是以国民收入差距扩大为代价的。在没有政府干预的情况下，经济增长必然会扩大国民收入差距，而根据"卡尔多效应"，收入分配不均将有利于总储蓄率的提高。从中国的实际情况出发，政府对于经济强有力的干预，在一定程度上缓解了经济增长对收入差距的扩大作用，因此，卡尔多模型所阐述的经济增长速度和资本积累率对收入分配的影响还有待于进一步验证。

第三节 中国收入差距的文献综述

对于相关文献的文献综述，本书按照区域差距和城乡差距分别进行梳理。

一 区域差距的文献综述

现有研究主要围绕两个方面展开：一是区域差距的演变趋势，二是区域差距的影响因素。

（一）区域差距的演变趋势

从演变趋势来看，相关研究结论上存在分歧。魏后凯、刘楷认为1978—1992年中西部与东部的差距呈现不断扩大的趋势[1]。杨开忠运用人均GNP（国民生产总值）并采用加权变异系数研究省际差距，得出1978年以后差距趋于缩小的结论[2]。宋德勇研究得出中国区域差距由1990年前的缩小趋势转变为1990年之后的扩大趋势的结论[3]。许召元、李善同采用人均GDP指标并运用基尼系数发现2004年之后中国区域差距呈现缩小趋势[4]。Li and Xu通过研究1978—2005年中国省间和省内的区域差距，发现与90年代相比，

---

[1] 魏后凯、刘楷：《我国地区差异变动趋势分析与预测》，《中国工业经济》1994年第4期。
[2] 杨开忠：《中国区域经济差异变动研究》，《经济研究》1994年第12期。
[3] 宋德勇：《改革以来中国经济发展的地区差异状况》，《数量经济技术经济研究》1998年第3期。
[4] 许召元、李善同：《近年来中国地区差距变化趋势》，《经济研究》2006年第7期。

2000年之后的省际差距扩大的趋势有所减缓，并开始呈现缩小的趋势①。谷口洋志使用了修改后的最新数据和新旧地区划分方式，发现在2000—2003年，全国、区域间和区域内的差距都呈现扩大趋势，2004年之后，全国、区域间和区域内的差距呈现缩小趋势，省际差距也呈现相同趋势②。于文浩认为中国区域经济差距表现为东部、中部和西部三大区域间的差距，尤其是1990年之后东部和西部两大区域间差距的扩大最为突出③。彭文斌、刘友金测度了省际单元经济发展差距，发现东、中、西三大区域内经济差异呈扩大趋势④。张红梅等自改革开放至今，将区域差距演变划分为五个阶段，总体来看，区域差距呈缩小趋势。⑤

（二）区域差距的影响因素

从影响因素来看，大多数研究人员认为生产要素、经济环境、体制机制和政治制度等是区域差距的主要影响因素。王小鲁、樊纲认为区域间资本和劳动力等生产要素的差异，以及制度和结构的差异等是造成区域差距的主要因素⑥。许召元、李善同认为，地理位置、经济环境、受教育水平、基础设施水平、城镇化水平和市场经济体制等是区域差距的主要影响因素⑦。林慈生以1990—2007年全国除西藏以外的30个省份为对象，通过面板数据分析，认为中国

---

① Li, S. and Xu, Z., "The Trend of Regional Income Disparity in the People's Republic of China", *ADB Institute Discussion Paper*, No. 85, 2008.

② 谷口洋志：《中国における地域間所得格差問題：予備的考察》，《経済学論纂》2007年第47卷第5·6合併号。

③ 于文浩：《关于中国区域经济差距的实证研究：1952—2006》，《中国投资》2008年第10期。

④ 彭文斌、刘友金：《我国东中西三大区域经济差距的时空演变特征》，《经济地理》2010年第4期。

⑤ 张红梅、李善同、许召元：《改革开放以来我国区域差距的演变》，《改革》2019年第4期。

⑥ 王小鲁、樊纲：《中国地区差距的变动趋势和影响因素》，《经济研究》2004年第1期。

⑦ 许召元、李善同：《近年来中国地区差距变化趋势》，《经济研究》2006年第7期。

的全球化不仅提高了地区收入，而且对缩小区域差距有明显效果，但是区域间不均衡的开放政策成为区域差距扩大的重要原因[1]。彭文斌、刘友金认为非均衡区域发展战略、自然条件和地理位置的差异是造成东中西部差距扩大的主要原因[2]。沙治慧通过分解不同公共投资对区域差异的贡献，认为政府侧重东部地区投资的战略是区域差距快速扩大的重要原因[3]。侯燕飞、陈仲常认为劳动力流动可以在全国范围内优化资源配置，并通过追赶效应、收入转移效应、"干中学"效应等，消除地区间资源禀赋差异，缩小区域差距，使经济走向趋同[4]。张红梅等认为中国区域差距的演变主要受区域政策及全球经济状况、国家发展战略和宏观经济结构等的影响[5]。唐兆涵、陈璋则认为包括劳动和资本在内的要素在利润驱动下的单向流动是区域差距形成的原因[6]。陈燕儿、白俊红采用1998—2016年中国大陆29个省份的面板数据，实证考察了要素流动对区域经济收敛的影响，发现区域经济增长呈收敛态势[7]。汪晨等通过构建一般均衡理论模型和分解基尼系数的方法，实证发现以工业化为特征的结构变迁带来了中国区域差异的扩大[8]。

---

[1] 林慈生：《中国のグローバル化と地域格差——パネルデータによる実証分析》，富士ゼロックス小林節太郎記念基金，2010年。
[2] 彭文斌、刘友金：《我国东中西三大区域经济差距的时空演变特征》，《经济地理》2010年第4期。
[3] 沙治慧：《公共投资与经济发展的区域协调性研究》，《经济学动态》2012年第5期。
[4] 侯燕飞、陈仲常：《中国"人口流动—经济增长收敛谜题"——基于新古典内生经济增长模型的分解》，《中国人口·资源与环境》2016年第9期。
[5] 张红梅、李善同、许召元：《改革开放以来我国区域差距的演变》，《改革》2019年第4期。
[6] 唐兆涵、陈璋：《区域经济差距的形成动因、演变路径和发展趋势——基于技术引进视角的研究》，《上海经济研究》2019年第2期。
[7] 陈燕儿、白俊红：《要素流动与区域经济差距》，《现代经济探讨》2019年第6期。
[8] 汪晨、万广华、张勋：《区域差异与结构变迁：中国1978—2016》，《管理世界》2019年第6期。

二 城乡差距的文献综述

现有文献指出,城乡收入差距业已成为中国收入不平等的最主要来源。这一部分也将围绕城乡收入差距的演变趋势和城乡收入差距的影响因素进行总结。

(一) 城乡收入差距的演变趋势

从演变趋势来看,薛进军等指出中国的城乡之间存在很大的地区差距[①]。谷口洋志等指出改革开放以后的30年,城市和农村家庭的名义平均收入差距不断扩大[②]。杨世英发现1978—2008年,城乡差距不断扩大[③]。吴玉鸣利用1978—2002年的省际数据,通过对经济增长和城乡收入差距的关系进行实证分析,发现随着经济增长,城乡收入差距不断扩大[④]。孟哲男通过家庭收支调查的统计数据,发现从20世纪80年代中期开始收入差距急剧扩大,其中城乡差距扩大尤为突出,同时指出在城乡二元结构并存的情况下,家庭的收入差距主要是由城乡间收入差距引起的[⑤]。Wang 等人在研究中表示,城乡收入差距成为中国收入不平等的最主要来源,且其影响在逐步上升,1990年城乡收入差距大致为总收入差距的67%,到2009年这个比例已经超过75%[⑥]。杨森平等通过对全国和东部、中中部、西部地区的检验,发现城镇化率与城乡收入差距基本呈现倒

---

① 薛進軍、荒山裕行、園田正:《中国の不平等》,日本評論社2008年版。
② 谷口洋志、朱珉、胡水文:《現代中国の格差問題》,同文堂2009年版。
③ 楊世英:《現代中国論——開発のフロンティア"昇龍"の光と影》,本の森2008年版。
④ 吴玉鸣:《中国经济增长与收入分配差异的空间计量经济分析》,经济科学出版社2005年版。
⑤ 孟哲男:《中国における所得格差の実態およびその決定要因に関する実証分析》,博士学位論文,桃山学院大学,2010年。
⑥ Wang, C., Wan, G., Yang, D., "Income Inequality in the People's Republic of China: Trends, Determinants, and Proposed Remedies", *Journal of Economic Surveys*, Vol. 28, No. 4, 2014, pp. 686–708.

U 型的变化趋势①。张锦宗等发现城乡居民收入从极低水平、差距悬殊的状态演变为中等收入水平、绝对差距继续扩大、相对差距轻微缩小的状态；现阶段中国城乡居民绝对差距增速逐步降低，相对差距自 2010 年起开始缩小②。宋建、王静采用 1997—2016 年中国 31 个省份的面板数据，发现从分周期的动态收敛看，整个周期内无论是绝对收敛速度还是相对收敛速度，均呈现先下降后上升的 V 形走势③。

(二) 城乡收入差距的影响因素

1. 政府政策与城乡收入差距

城市偏向的经济和社会政策是城乡收入差距扩大的主要原因④⑤。城市偏向政策指的是政府将权利和优惠向城市倾斜，以改善城市地区工业发展的不平等政策，主要表现在：资金补贴、基础设施建设投资、外商投资引进和贸易保护、进出口市场的开放、控制价格等⑥⑦⑧⑨⑩。城市偏向政策有多种形式。中华人民共和国成立

---

① 杨森平、唐芬芳、吴栩：《我国城乡收入差距与城镇化率的倒 U 关系研究》，《管理评论》2015 年第 11 期。

② 张锦宗、朱瑜馨、周晓钟：《我国城乡居民收入差距特征及趋势分析》，《中国农业资源与区划》2018 年第 12 期。

③ 宋建、王静：《区域城乡收入差距的动态收敛性与影响因素探究》，《经济经纬》2019 年第 1 期。

④ 陆铭、陈钊：《城市化、城市倾向的经济政策与城乡收入差距》，《经济研究》2004 年第 6 期。

⑤ 迟诚：《城市偏向型经济政策对城乡收入差距的影响》，《城市问题》2015 年第 8 期。

⑥ Davis, J. C. and Henderson, J. V., "Evidence on the Political Economy of the Urbanization Process", *Journal of Urban Economics*, Vol. 53, 2003, pp. 98 – 125.

⑦ Jefferson, G. H., Rawski, T. G., Li, W. et al., "Ownership, Productivity Change and Financial Performance in Chinese Industry", *Journal of Comparative Economics*, Vol. 28, No. 4, 2000, pp. 786 – 813.

⑧ Henderson, J. V. and Kuncoro, A., "Industrial Centralization in Indonesia", *The World Bank Economic Review*, Vol. 10, No. 3, 1996, pp. 513 – 540.

⑨ Oi, J., "Reform and Urban Bias in China", *Journal of Development Studies*, Vol. 29, No. 4, 1993, pp. 129 – 148.

⑩ Renaud, B., *National Urbanization Policy in Developing Countries*, New York: Oxford University Press, 1981.

之初，政府推行重工业优先发展的赶超战略，鼓励和支持违背本国比较优势的资本密集型产业发展，降低了劳动力的需求，进而降低了均衡工资水平，最终扩大了城乡收入差距①。另外，土地财政也具有城市偏向特征。吕炜、许宏伟认为，土地财政是城市化进程中城乡收入差距不断扩大的原因②。李实、岳希明认为任何发展中国家都存在二元经济结构，但由于中国在计划经济时代实行了优先发展重工业的战略、城市与农村分离的户籍制度以及倾斜的财政金融政策，最终形成了城乡二元经济结构③。曾国安、胡晶晶指出偏向城市的税收制度和财政支出制度导致出现城乡二元经济结构，扩大了城乡教育差距、社会保障差距和基础设施差距，最终扩大了城乡差距④。郑旋利用1995—2009年的省级面板数据考察了财政支出规模和支出结构对城乡收入差距的影响效应，结果表明由于长期实施"城市偏向"的财政支出，显著地扩大了城乡间收入差距，其中农林水务支出能够显著缩小城乡间相对收入差距，而公共安全支出以及社会保障支出不利于城乡收入差距的缩小⑤。

2. 经济增长与城乡收入差距

库兹涅茨基于英国、美国和德国等发达国家的时间序列数据，提出了经典的经济增长与收入分配之间的"倒U型假说"⑥。之后，

---

① 林毅夫、陈斌开：《发展战略、产业结构与收入分配》，《经济学》（季刊）2013年第12期。
② 吕炜、许宏伟：《土地财政、城市偏向与中国城乡收入差距》，《财贸经济》2015年第6期。
③ 李实、岳希明：《中国农村扶贫项目的目标瞄准分析》，《中国社会科学评论》2003年第2卷第3期。
④ 曾国安、胡晶晶：《论中国城市偏向的财政制度与城乡居民收入差距》，《财政研究》2009年第2期。
⑤ 郑旋：《财政支出规模、结构与城乡收入不平等——基于中国省级面板数据的实证分析》，《经济评论》2011年第4期。
⑥ Kuznets, S., "Economic Growth and Income Inequality", *American Economic Review*, Vol. 45, No. 1, 1955, pp. 1–28.

国内外学界围绕"倒 U 型假说"是否成立,展开激烈地讨论。Perlo 认为库兹涅茨对高收入阶层收入存在过分低估,因此对"倒 U 型假说"的可靠性产生质疑①。Kollko 基于美国 1929—1959 年的收入分配,提出通货膨胀的存在仅仅带来了名义收入的增长而不是实际收入的增长,因此无法证实"倒 U 型假说"②。Mbaku 将 HDI 指数和 PQLI 指数作为衡量经济发展水平的指标,证实了"倒 U 型假说"③。国内学者通过对库兹涅茨曲线的研究与验证,更多的是从城乡收入差距的角度出发,针对"倒 U 型假说"在中国是否成立的问题,认为还需要进一步检验。张嫘和方天堃运用协整分析和格兰杰因果检验,对中国城乡收入差距和经济增长的关系进行研究,结果显示无论长期还是短期,经济增长都是引起城乡收入差距变化的原因之一,并且验证了"倒 U 型假说"④。晏艳阳、宋美喆利用空间面板计量方法进行实证分析,验证了"倒 U 型假说"在解释中国城乡收入差距与经济增长之间关系时具有合理性⑤。但也有持反对意见的学者,李实、李婷利用中国数据对经济增长与收入分配的关系进行了经验分析,认为中国收入分配的变化具有其自身的特点,分析结果无法支持库兹涅茨的"倒 U 型假说"⑥。

---

① Perlo, V., *The Income "Revolution"*, International Publishers, 1954.
② Kollko, G., *Wealth and Power in America: An Analysis of Social Class and Income Distribution*, Praeger, 1962.
③ Mbaku, J. M., "Inequality in Income Distribution and economic Development: Evidence Using Alternative Measures of Development", *Journal of Economic Development*, Vol. 22, No. 2, 1997, pp. 57–67.
④ 张嫘、方天堃:《我国城乡收入差距变化与经济增长的协整及因果关系分析》,《农业技术经济》2007 年第 3 期。
⑤ 晏艳阳、宋美喆:《中国城乡收入差异的库兹涅茨曲线实证研究》,《软科学》2011 年第 9 期。
⑥ 李实、李婷:《库兹涅茨假说可以解释中国的收入差距变化吗》,《经济理论与经济管理》2010 年第 3 期。

3. 城市化与城乡收入差距

城乡预期收入差距是驱使农村劳动力进城的主要动机[①]。Lewis 就在其二元经济结构模型中系统地介绍了随着城市化进程的推进,致使城乡收入差距也随之发生变化[②]。后来又经过 Ranis and Fei 等学者的发展,指出仅在人口流动的作用下,城市化水平对城乡收入差距的影响是先扩大后缩小的,即呈现出"倒 U 型"发展趋势[③]。Glomm[④] 和 Rauch[⑤] 均利用二元经济结构模型,从理论上证明了城市化与城乡收入差距之间呈"倒 U 型"的趋势。国内众多学者也认同城市化水平与城乡收入差距呈"倒 U 型"关系[⑥⑦⑧],而程开明认为城乡收入差距随着城市规模变动呈现出"正 U 型"关系,而且中心城市规模越大,区域间城乡收入差距越小[⑨]。陆铭、陈钊利用 1987—2001 年省级面板数据,分析发现城市化能起到缩小城乡收入差距的作用[⑩]。陈宗胜等认为,影响城乡收入差距的根本因素是城

[①] Todaro, M. P., "A Modern of Labor Migration and Urban Unemployment in Less Developed Countries", *American Economic Review*, Vol. 59, No. 1, 1969, pp. 138 – 148.

[②] Lewis, W. A., "Economic Development with Unlimited Supplies of Labor", *The Manchester School of Economic and Social Studies*, Vol. 22, No. 1, 1954, pp. 139 – 191.

[③] Rains, G. and Fei, J., "A Theory of Economic Development", *American Economic Review*, Vol. 51, No. 4, 1961, pp. 533 – 565.

[④] Glomm, G., "A Model of Growth and Migration", *Canadian Journal of Economics*, Vol. 25, No. 4, 1992, pp. 901 – 922.

[⑤] Rauch, J. E., "Economic Development, Urban Unemployment, and Income Inequallity", *Canadian Journal of Economics*, Vol. 26, No. 4, 1993, pp. 901 – 918.

[⑥] 王韧、王睿:《二元条件下居民收入差距的变动和收敛——对我国"倒 U"假说的存在性检验》,《数量经济技术经济研究》2004 年第 3 期。

[⑦] 周云波:《城市化、城乡差距以及全国居民总体收入差距的变动——收入差距倒 U 形假说的实证检验》,《经济学》(季刊) 2009 年第 3 期。

[⑧] 莫亚琳、张志超:《城市化进程、公共财政支出与社会收入分配——基于城乡二元结构模型与面板数据计量的分析》,《数量经济技术经济研究》2011 年第 3 期。

[⑨] 程开明:《聚集抑或扩散——城市规模影响城乡收入差距的理论机制及实证分析》,《经济理论与经济管理》2011 年第 8 期。

[⑩] 陆铭、陈钊:《城市化、城市倾向的经济政策与城乡收入差距》,《经济研究》2004 年第 6 期。

乡分割的二元经济结构，除了中华人民共和国成立初期的工业发展落后等历史因素以外，城市和农村分割的户籍管理制度、不均衡的财政制度、社会保障制度、工农业产品的差别化等因素导致二元经济结构的出现，制约了城市化和农村经济的发展[①]。元寿伟基于1980—2004年省级面板数据，认为城乡二元经济结构、工农业产品的价格差、城市化会扩大城乡收入差距[②]。毛其淋利用1995—2008年的省级面板数据，认为城市化是城乡收入差距缩小的重要原因，沿海地区的经济开放扩大了城乡收入差距，内陆地区的经济开放反而缩小了差距[③]。Cai and Pandey 采用 Bootstrap 格兰杰因果关系检验法验证了中国城市化与城乡收入差距之间的关系，并指出，城市化对不同地区的城乡收入差距的影响不尽相同，其在中国东部地区存在明显的负影响效应[④]。

4. 产业集聚与城乡收入差距

早在 Krugman 的"中心—外围"理论中，提出较高的产业发展水平和良好的交通状况等因素会提高该地区的工资水平，吸引移民和形成产业集聚，随着要素流入和集聚进一步发生，已形成的工资差距将会消失[⑤]。Helpman 则考虑到在产业向中心区域集聚过程中，中心区生活成本上升，会导致劳动力流动放缓。当产业集聚达到长期稳定时，中心和外围的实际工资率相等，而中心区具有较高的名

[①] 陈宗胜、钟茂初、周云波：《中国二元经济结构与农村经济增长和发展》，经济科学出版社2008年版。

[②] 元寿伟：《城市化与城乡收入差距——基于省级非平衡面板数据的分析》，《财政经济评论》2011年第2期。

[③] 毛其淋：《经济开放、城市化水平与城乡收入差距——基于中国省级面板数据的经验研究》，《浙江社会科学》2011年第1期。

[④] Cai, W. and Pandey, M., "The Agricultural Productivity Gap in Europe", *Economic Inquiry*, Vol. 53, No. 4, 2015, pp. 1807–1817.

[⑤] Krugman, P., "Increasing Returns and Economic Geography", *Journal of Political Economy*, Vol. 99, No. 3, 1991, pp. 483–499.

义工资率①。康伊提出产业集聚作为一种工业组织的形式,只有在达到一定规模时,才能够产生扩散效应推动农村经济的发展,进而缩小城乡收入差距②。蔡武、陈望远提出具有空间外部性特点的产业集聚,使城乡居民均能从中获益,通过实证检验,在产业集聚影响下,城镇居民相比农村居民从中获益更多③。沈桂龙、于蕾认为"国际直接投资"选择对要素禀赋和制度基础占优的区域进行投资,由此产生最初的产业集聚地区,其实证结果证明了该种类型的产业集聚扩大了中国收入分配差距④。曾鹏、吴功亮通过研究发现,对于中国城市群而言,城市规模和产业集聚将会缩小城乡收入差距⑤。刘军等利用中国2001—2012年的省级面板数据,发现在控制城市化水平、人力资本水平、政府政策偏向和对外开放程度等条件下,如能保证劳动力的自由流动,在产业集聚的作用下城乡居民收入差距就会得以缩小⑥。

5. 人力资本水平、技术进步与城乡收入差距

人力资本水平由于受到教育的影响,因教育投入、人力资本投入差异会扩大城乡之间的人力资本差距,从而扩大城乡收入差距⑦⑧⑨,

---

① Helpman, E., "The Size of Region", In Pines, D., Sadka, E., Zilcha, I., *Topics in Public Economics: Theoretical Analysis*, Cambridge University Press, 1998, pp. 33 – 54.
② 康伊:《产业集群与城乡收入差距的变动研究》,《中国科技产业》2006年第5期。
③ 蔡武、陈望远:《基于空间视角的城乡收入差距与产业集聚研究》,《华东经济管理》2012年第5期。
④ 沈桂龙、于蕾:《国际直接投资产业集聚与中国收入分配差距的扩大》,《学术月刊》2013年第9期。
⑤ 曾鹏、吴功亮:《技术进步、产业集聚、城市规模与城乡收入差距》,《重庆大学学报(社会科学版)》2015年第6期。
⑥ 刘军、王伟玮、杨浩昌:《产业集聚对城乡居民收入差距的影响——基于中国省级面板数据的实证研究》,《农村经济》2015年第5期。
⑦ 王海滨:《对城乡收入差距扩大的经济学思考》,《经济学动态》2005年第7期。
⑧ 陈斌开、张鹏飞、杨汝岱:《政府教育投入、人力资本投资与中国城乡收入差距》,《管理世界》2010年第1期。
⑨ 吕炜、杨沫、王岩:《城乡收入差距、城乡教育不平等与政府教育投入》,《经济社会体制比较》2015年第3期。

若能增加农村地区的教育资源,提升劳动力质量,城乡收入差距将会缩小。而技术进步具有边际收益递增的特点,Reenen 证实了就职于创新性公司技术部门的人员收入水平更高,与普通员工之间形成了收入差距[1];Echeverri – Carroll and Ayala 也证实了这一现象的存在[2]。Autor 等人认为技术进步具有技能偏向性,使高技能劳动者对低技能劳动者形成替代,这势必会引起就业结构的两极化,扩大劳动者之间的收入不平衡[3],但 Acemoglu 认为只有在长期情况下才会扩大收入差距,而短期情况下技术进步的技能偏向性会缓和收入差距[4]。纪玉山等结合知识的外溢性和技术进步的周期性,认为低技能劳动者能在技术进步趋缓时通过学习提高技能,进而提高劳动生产率,缩小与高技能劳动者之间的收入差距[5]。刘清春等基于省级面板数据,考察创新水平在全国和地区层面上对中国城乡收入差距带来的影响,发现从全国层面来看,创新水平与城乡收入差距之间存在"正 U 型"关系,从地区层面来看东部地区的创新水平会扩大城乡收入差距,而西部地区的创新水平会缩小城乡收入差距[6]。

---

[1] Reenen, J. V., "The Creation and Capture of Rents: Wages and Innovation in a Panel of U. K. Companies", *Quarterly Journal of Economics*, Vol. 111, No. 1, 1996, pp. 195—226.

[2] Echeverri – Carroll, E. and Ayala, S. G., "Wage Differentials and the Spatial Concentration of High – technology Industries", *Papers om Regional Science*, Vol. 88, No. 3, 2009, pp. 623 – 641.

[3] Autor, D. H., Levy, F., Murnane, R. J., "The Skill Content of Recent Technological Change: An Empirical Exploration", *NBER Working Papers*, Vol. 118, No. 4, 2001, pp. 1279 – 1333.

[4] Acemoglu, D., "Why Do New Technologies Complement Skills? Directed Technical Change and Wage Inequality", *Quarterly Journal of Economics*, Vol. 113, No. 4, 1998, pp. 1055 – 1089.

[5] 纪玉山、张洋、代栓平:《技术进步与居民收入分配差距》,《当代经济研究》2005 年第 5 期。

[6] 刘清春、刘淑芳、马永欢:《创新水平对中国城乡收入差距的影响研究——基于工具变量回归模型》,《软科学》2016 年第 9 期。

除了上述的五个影响原因之外,金融因素[1][2]、经济开放度[3][4]、社会保障制度[5][6][7]等也对城乡收入差距产生一定的影响。

三 中国收入差距的主要影响因素

如上述文献综述所总结的,引起区域间和城乡间收入差距的原因主要归纳为以下几点。

(一) 自然地理和经济发展阶段的影响

中国国土面积辽阔,各地区地理位置及自然资源条件差异较大,致使区域间经济发展失衡,形成东部、中部、西部三个不同的经济发展区域。在计划经济时代,由于追求绝对平均主义,忽视了效率,反而扩大了区域差距。1978 年改革开放以来,中国政府提出了"先富论"的口号,将资本、人才、资金和技术向东部集中,实施优先发展东部沿海地区的政策。同时,这种差距也与三大产业的发展和产业结构调整相关联,当前中国已经由传统农业国转变为工业国,在调整产业经济结构的同时,容易引发个体间、职业间和城乡间的收入差异。

---

[1] Greenwood, J. and Jovanovic, B., "Financial Development, Growth and the Distribution of Income", *The Journal of Political Economy*, Vol. 98, No. 5, 1990, pp. 1076 – 1107.

[2] 杨楠、马绰欣:《我国金融发展对城乡收入差距影响的动态倒 U 演化及下降点预测》,《金融研究》2014 年第 11 期。

[3] 李汉君:《对外贸易与收入差距——基于我国省际面板数据的实证分析》,《国际贸易问题》2010 年第 5 期。

[4] 许海平、傅国华:《城乡收入差距与财政分权的空间计量研究》,《经济与管理研究》2013 年第 6 期。

[5] 胡荣才、冯昶章:《城乡居民收入差距的影响因素——基于省级面板数据的实证研究》,《中国软科学》2011 年第 2 期。

[6] 郑旋:《财政支出规模、结构与城乡收入不平等——基于中国省级面板数据的实证分析》,《经济评论》2011 年第 4 期。

[7] 徐倩、李放:《财政社会保障支出与中国城乡收入差距——理论分析与计量检验》,《上海经济研究》2012 年第 11 期。

(二) 城乡分割的户籍制度

1978年以前中国人口中约有4/5，即使现在也约有2/5拥有农村户口。长期以来，为了实现工业化，中国政府采取将资源优先从农业转移到工业的政策。同时，极力阻止农民向城市迁移。如果农村人口涌入城市，城市规模将会迅速扩大，有可能引起社会问题。并且，由于向城市居民提供补贴，因此政府担心大量农民"进城"会对其造成过重的负担，所以，从1958年开始，政府实行将城市居民和农村居民分开管理的户籍制度。直至20世纪90年代末由于城乡分离，没有发生农村向城市的大规模劳动力转移。另外，大量的外来务工者（农民工）从农村流入城市，20世纪90年代末达到7000万人，2004年达到12000万人，占农村劳动力的23.8%。大量的农民工涌入城市，成为引发与城市劳动者冲突、社会治安恶化、城市失业增加、城市收入差距扩大等问题的原因之一。

(三) 政府的"政策惯性"

长期存在的城乡分割现象与现有体制下的"政策惯性"密切相关。如对农产品的低价收购政策，对农民的"进城"限制政策，对农民的税收政策以及税收外的负担政策，对城市居民的福利补贴政策等，这些都是现有政策的重要组成部分。从改革开放初期开始，政府实施具有差别化的宏观政策，对收入差距产生了影响。首先，从政府决策导向来看，实行城市偏向的政策，未将转移农村剩余劳动力和增加就业作为主要目标，而是将大量的资金、土地等资源投入城市基础设施和房地产建设，致使城乡间差距不断扩大。其次，在实施积极财政政策时，重点放在大中城市的基础设施建设上，而忽视小城镇和农村的发展。而且，金融政策也向城市倾斜，农民很难贷款，限制了农业的发展和农民的增收机会。另外，在工业化、城市化快速发展的过程中，为了振兴工业，保障城市居民的生活，政府采取了工业产品价格高、农产品价格低的差别化价格政策，因此产生农产品和工业产品的"价格剪刀差",致使农民的收益大幅减少,扩大了城乡收入差距。

(四)社会保障的不完善和教育机会的不平等

不完善的社会保障制度的存在,也是影响城乡居民收入差距的一个重要原因。社会保障通过社会保险、社会福利、社会救济等来缩小居民之间的收入差距,减少社会不安定因素。通过完善的社会保障制度,配合个人所得税,以再分配和补贴的形式可以在一定程度上矫正收入差距。但实际上,农村与城市相比,社会保障制度较为落后,农村居民得到的社会保障支付比城市居民少,因此,中国社会保障支付水平拉大了城乡居民之间的收入差距。而影响城乡收入差距的另一个重要原因是教育机会的不平等。以往对农村教育经费投入不足,使农村教育明显落后于城市。受过高等教育者的收入水平普遍高于未受过高等教育者的收入水平。特别是西部地区,教育投资明显不足。这种投资不足加剧了城乡之间以及东部和西部地区之间的收入差距,造成恶性循环。

(五)制度转型中的不合理收入

改革开放初期,政府实施了"一部分人、一部分地区先富起来"的政策,鼓励先富带动后富。但是,他们没有意识到"率先实现富裕"的前提条件是诚实的劳动和合法的经营。在制度转型期,不合理的收入也是造成收入差距的一个原因(合理收入是指在市场公平竞争下根据劳动贡献度而获得的收入,不合理收入是指由劳动贡献度以外的因素决定的收入,如通过违法手段和不正当行为获得的收入等)。另外,在改革和体制变迁的过程中,采用了渐进式改革方式,在体制转换的过程中双重体制并存,再加上非经济因素的影响,引发了各种问题。例如,内部人员的倒卖、垄断和腐败等行为,成为收入差距扩大的重要原因。同时,各企业、各地区、各部门的市场化进程的差异也是导致收入差距的原因之一。

第四章

中国收入差距的演变

第一节 改革开放后区域差距的演变

一 改革开放后的区域差距

对于改革开放以后的区域差距，分三个阶段进行分析。分别是改革开放初期到1985年的阶段，1986—2000年的阶段和2000年以后的阶段。

（一）改革开放初期到1985年的区域差距

众所周知，改革开放是从第五个五年计划（1976—1980年）的1978年开始的。随后，国家发展建设的重心转移到东部，东部沿海地区的经济有了显著的发展。在第七个五年计划期间（1986—1990年），从以往的沿海地区和内陆地区的划分格局，演变为东部、中部和西部的新格局。这样的三大区域的划分格局一直持续到2000年，随着市场经济的发展，区域间差距开始逐渐扩大。

如表4—1所示，东部、中部和西部的三大区域差距明显存在。在1985年，东部地区占全国总面积的13.5%，拥有最多的人口，占全国的37.6%，名义国内生产总值（以下简称为GDP）也占全国的51.0%，是经济发展最快的地区。相比之下，西部地区虽然面积占全国的一半以上，但人口稀少，只占全国人口的28.5%，名义

GDP 只占全国的 19.8%，在三大区域中最为落后。而中部地区的人口和名义 GDP 分别占全国的 33.9% 和 29.2%，虽然略超西部地区，但与东部地区的差距较大。

表4—1　　　　　　　全国三大区域经济发展指标（1985）

		面积		人口		名义GDP		人均名义GDP	
	地区数	总面积（万平方千米）	百分比（%）	总人口（万人）	百分比（%）	总额（亿元）	百分比（%）	绝对值（元）	百分比（%）
全国	29	960	100.0	103875	100.0	8614	100.0	829	100.0
东部	11	130	13.5	39021	37.6	4398	51.0	1127	135.9
中部	9	288	30.0	35209	33.9	2512	29.2	713	86.0
西部	9	542	56.5	29645	28.5	1704	19.8	575	69.4

注：截至1987年，中国被分为29个省、自治区、直辖市（以下简称为省）。海南省于1988年从广东省中独立，由29个省份变为30个省份，之后，1997年重庆市从四川省独立成为直辖市之一，变为目前的31个省份。

资料来源：根据国家统计局编《新中国六十年统计资料汇编》整理计算得出。

（二）1986—2000年的区域差距

如图4—1所示，在第七个五年计划和第八个五年计划期间（1986—1995年），各区域的GDP有了显著的增加，人均名义GDP也是持续稳步增长。其中，东部地区的人均名义GDP增长速度最快，1995年已经达到了7212元，相当于全国平均水平的141.8%。三大区域之间的差距，在1985—1995年迅速扩大，尤其是东部和西部地区的差距明显，在1995年，东部地区的人均名义GDP已经超过了西部地区的两倍。

（三）2000年以后的区域差距

自2000年以来，在政府相继实行了西部大开发，中部崛起的战略之后，西部地区和中部地区的经济虽然有了迅速发展，但是与

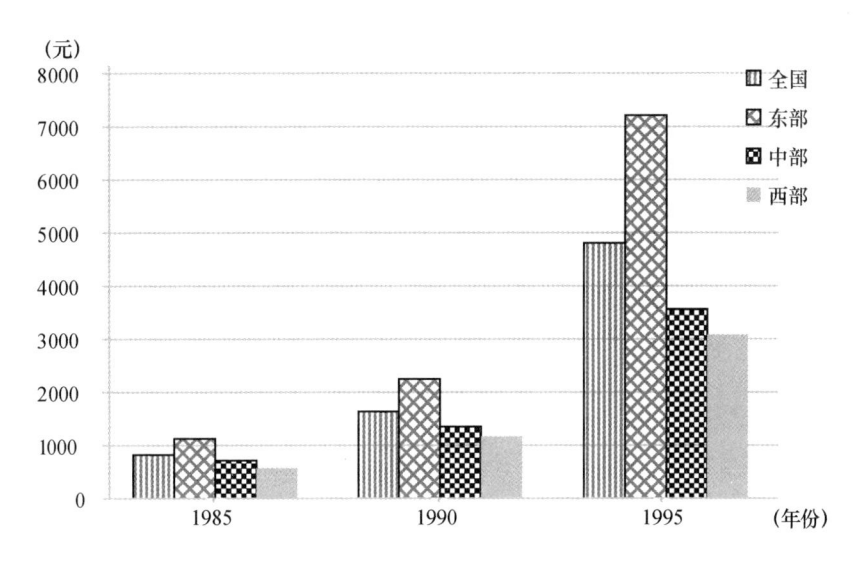

图 4—1　全国三大区域的人均名义 GDP（1985—1995）

资料来源：同表 4—1。

东部地区相比还是存在一定的差距。东部地区的经济发展水平已经远远超出了全国平均水平，在这三个区域中处于领先地位。如表 4—2 所示，展示了 2000 年以后三大区域的经济发展状况，以及各地区与全国平均水平的差距。自 2000 年以后，东部地区的人均名义 GDP 水平虽然超过了全国平均水平，但是由 2000 年的 151.2% 降至 2018 年的 133.1%。中部地区和西部地区的人均名义 GDP 都有了不同程度的提高，中部地区由 2000 年的 73.2% 上升至 2018 年的 78.4%，西部地区由 2000 年的 61.6% 上升至 2018 年的 74.2%，可以看出，西部地区的经济发展水平有了大幅提高，与西部地区相比，中部地区的经济发展仅是小幅增长。从区域差距的趋势来看，2018 年与 2000 年相比，东部地区与中部、西部之间的区域差距有缩小趋势，而中部和西部地区之间的区域差距呈现趋同收敛趋势。

表4—2 2000年以后的全国三大区域人均名义GDP （单位：元、%）

年份 地区	2000		2005		2010		2018	
	人均GDP	百分比	人均GDP	百分比	人均GDP	百分比	人均GDP	百分比
全国	7937	100.0	15525	100.0	32915	100.0	65692	100.0
东部	11999	151.2	23548	151.7	45989	139.7	87414	133.1
中部	5807	73.2	11181	72.0	24979	75.9	51520	78.4
西部	4893	61.6	9382	60.4	22476	68.3	48725	74.2

资料来源：根据国家统计局编《中国统计年鉴各年度版》整理计算得出。

二 基于各种统计尺度的区域差距演变趋势

从改革开放以后的区域差距变迁来看，无法明确得出三大区域差距是扩大还是缩小的结论。因此，在这里使用名义GDP①的统计数据来详细观察区域差距的动向。

（一）基于人均名义GDP的区域差距

在此，与收入水平最高的东部进行对比，考察三大区域的东部与中部、东部与西部以及四大区域的东部与东北部、东部与中部、东部与西部的人均名义GDP比率。比较图4—2和图4—3，可以总结出以下两点：

第一，1978—2018年，无论是三大区域还是四大区域，东部与中部、东部与西部的人均名义GDP区域差距均呈现出基本相同的变化趋势，区域差距先扩大后缩小，近年东西部差距和东中部差距出现趋同的收敛趋势。而且无论是三大区域还是四大区域，东部与西部的区域差距最大，只有东部与东北部差距总体一直呈现上升趋势。

---

① 中国的经济增长率和通货膨胀率都出现明显上升，使用名义GDP更能清晰地看到通货膨胀率的变化。

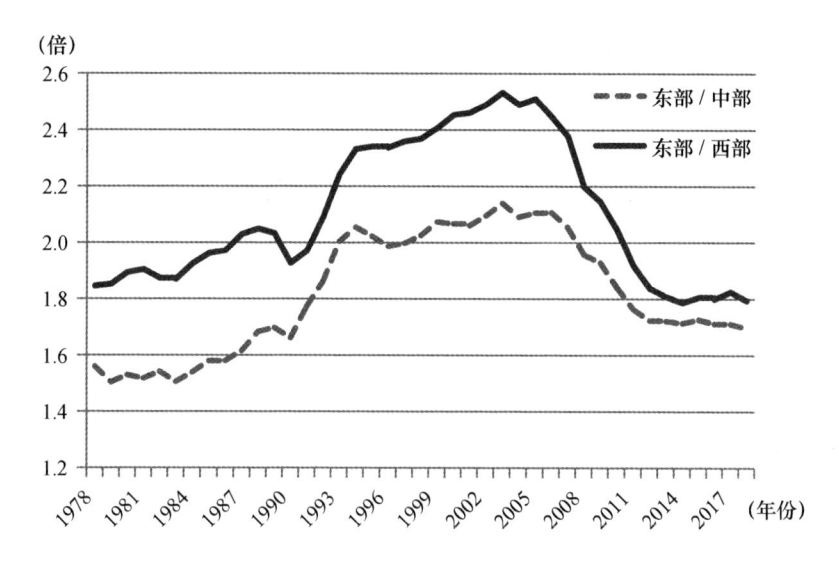

图4—2　三大区域人均名义GDP的比率（1978—2018）

资料来源：1978—2003年的名义GDP，1978—2007年人均名义GDP来自国家统计局编《新中国六十年统计资料汇编》；2004—2018年名义GDP，2008—2018人均名义GDP的数据来自国家统计局编《中国统计年鉴各年度版》。

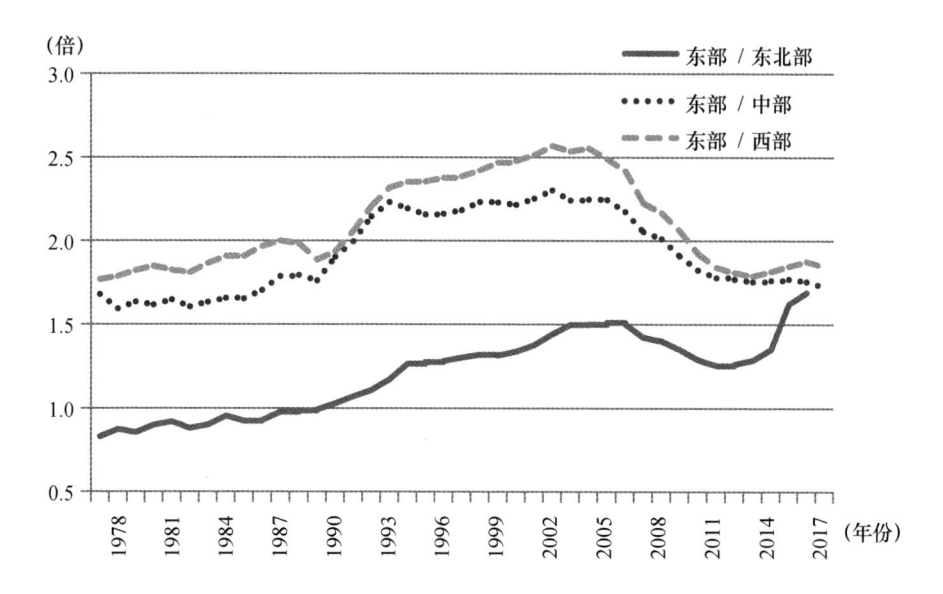

图4—3　四大区域人均名义GDP的比率（1978—2018）

资料来源：同图4—2。

第二，具体从三大区域来看，自1978年起，东部与西部差距、东部与中部差距分别由1.8倍和1.6倍扩大到2003年的最大值2.5倍和2.1倍，随后逐渐缩小，于2018年分别下降到1.8倍和1.7倍。从四大区域来看，东部与西部差距、东部与中部差距也分别于2003年达到最大值2.6倍和2.3倍，而东部与东北部差距由1978年的0.8倍上升到2018年的最大值1.7倍。

（二）基于变异系数的区域差距

以上是人均名义GDP的区域差距特征，这里通过变异系数①来考察人均名义GDP的省间经济差距。

如图4—4所示，由于代表人均名义GDP的省间经济差距的变异系数和最大最小比值的变化趋势容易受到人均名义GDP较高省份的影响，因此将改革开放之后一直位居全国前三位的上海、北京、天津三个直辖市除去后再进行考察。如图4—4a，变异系数和最大最小比值都很高，省份间的人均名义GDP差距自1978年至1990年不断缩小，而从1990年至2005年不断扩大，之后再度呈现缩小趋势。而从图4—4b可以看出，1990年以后，整体呈现出图4—4a几乎相同的变化趋势，并于2006年以后变异系数和最大与最小比值都有了大幅度的下降。省间经济差距从1978年至1982年不断缩小，随后从1983年至2006年呈现扩大趋势，在2007年以后，再次呈现缩小趋势。

（三）基于泰尔指数的区域差距

为了进一步详细分析区域差距，使用泰尔指数②对区域间经济

---

① 变异系数（Coefficient of variation）又称为离散系数，是标准差与均值的比值，表示偏离均值的差异程度。变异系数越大，收入的不平等程度就越高。

② 泰尔指数（Theil index）是测度收入不平等的一个重要指标。在所有的地区中，使用收入份额和人口份额，并在收入份额上加上人口权重进行计算。在这里，如果所有地区的收入份额和人口份额相等，泰尔指数的值为0，是完全平等的。具有数值越大，不平等度越高的特征。根据中国三大区域的划分方法，可以得到全国的区域差距 = 各区域间差距 + 各区域内差距的关系。

a. 全国31个省份数据

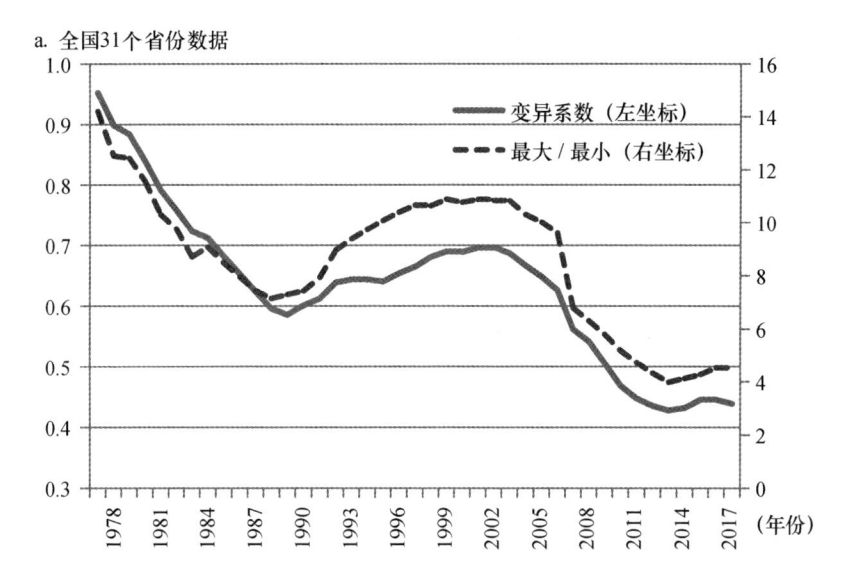

b. 北京、上海、天津以外的28个省份数据

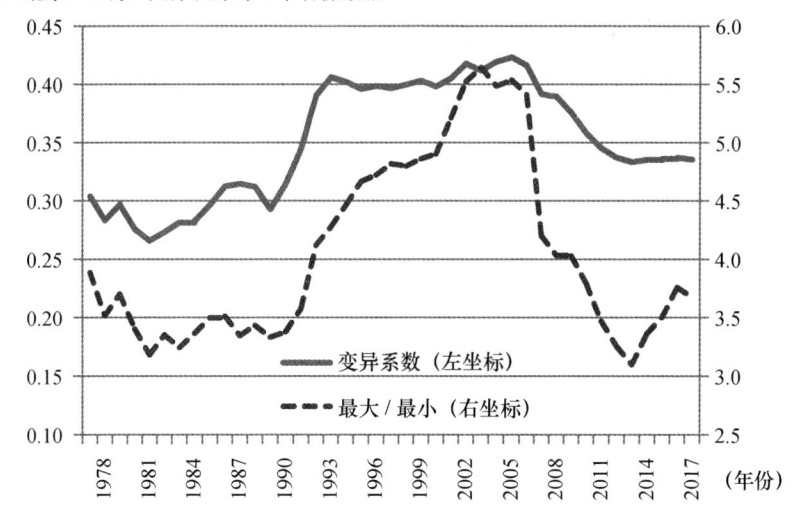

**图4—4　全国省间人均名义GDP差距：
变异系数和最大最小比值（1978—2018）**

说明：变异系数是没有考虑人口权重计算出来的。最大最小比值是指31个省份人均名义GDP的最大值和最小值的比值。

资料来源：1978—2007年数据来自国家统计局编《新中国六十年统计资料汇编》；2008—2018年数据来自国家统计局编《中国统计年鉴各年度版》。

差距和区域内经济差距①进行分析。

泰尔指数的定义如下：

$$T = \sum_{i=1}^{n} \left(\frac{Y_i}{y} \cdot \ln \frac{Y_i}{y} \right) \qquad (4—1)$$

在这里，Y_i代表i省份的经济总量（这里用 GDP 来表示），y 代表平均收入。

泰尔指数可以使用加法原则进行分解。按照省份计算的全国区域差距 = 区域间差距 + 各区域内部差距。三大区域差距可以用三大区域组间差距，东部、中部和西部地区组内差距来进行分解，同样的，四大区域差距也可以分解为四大区域组间差距，东部、中部、西部和东北部地区组内差距。

泰尔指数的分解计算式如下：

$$T = T_1 + T_2 = \sum_{k=1}^{m} \left(S_k \cdot \ln \frac{\mu_k}{\mu} \right) + \sum_{k=1}^{m} S_k T_k \qquad (4—2)$$

T 为按照省份数据得到的泰尔指数，T_1 为各区域组间的泰尔指数，T_2 为各区域组内的泰尔指数。S_k 为区域 k（东部、中部、西部、东北部）的收入份额，T_k 为区域 k 内的泰尔指数，μ_k 为区域 k 的平均收入。

如图 4—5 所示，衡量了 1978—2018 年全国整体的泰尔指数、三大区域组间和三大区域组内的泰尔指数。首先从全国泰尔指数可以看出自 1978 年至 1990 年区域差距整体上不断下降，1990 年达到最低值 0.083，然而从 1991 年到 2003 年区域差距整体上不断上升，并于 2003 年达到最高值 0.131，之后又逐渐降低，于 2014 年降至 0.066。三大区域组间差距自 1990 年起几乎与全国的泰尔指数呈现同样的变化趋势。具体来看，三大区域组间差距自

---

① 区域间差距根据各省数据计算得出，区域内差距为区域内各省的差距，各区域的区域内差距是对各区域的收入份额进行加权平均得出。

1978年起持续上升，同样在2003年时达到最高值0.087，而后呈现下降趋势。三大区域组内差距与全国整体差距的泰尔指数的变化趋势几乎相同，自1978年起呈现了先下降后上升，并再度下降，近年又上升的变化趋势。

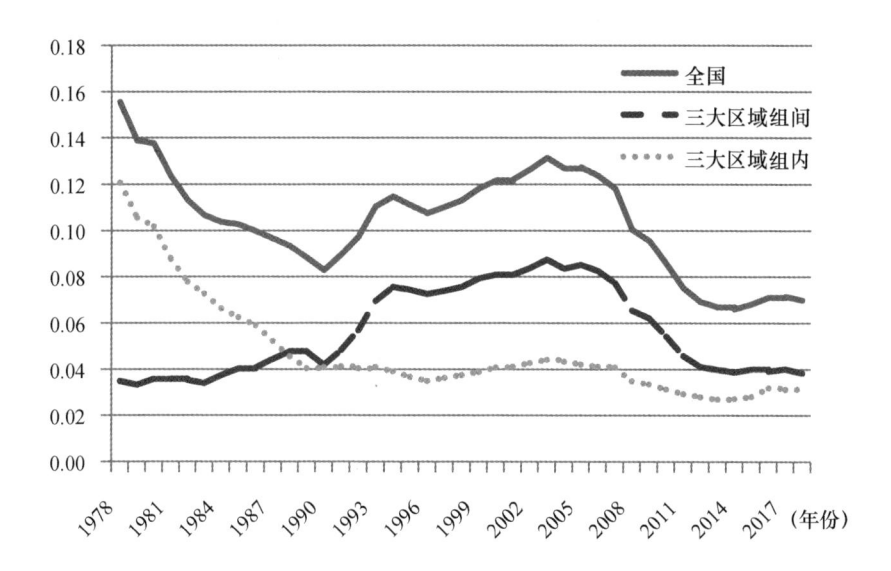

图4—5　全国和三大区域差距：泰尔指数（1978—2018）

资料来源：同图4—4。

对比图4—6的四大区域组间和组内与全国泰尔指数的变化趋势，与三大区域的变化趋势几乎相同。从整体来看，全国和四大区域组内的差距呈现下降趋势。自1990年以后，四大区域组间差距与全国的泰尔指数变化趋势几乎相同，先上升后下降，近年又呈现上升趋势，而四大区域组内差距的变化趋势几乎没有太大变化。1990年后，四大区域组间差距和组内差距于2003年达到最高值，分别为0.089和0.043。

图4—7显示了东部、中部、西部三大区域组内差距。东部地区组内差距自1978年以来持续下降，在1990年以后呈现上升趋

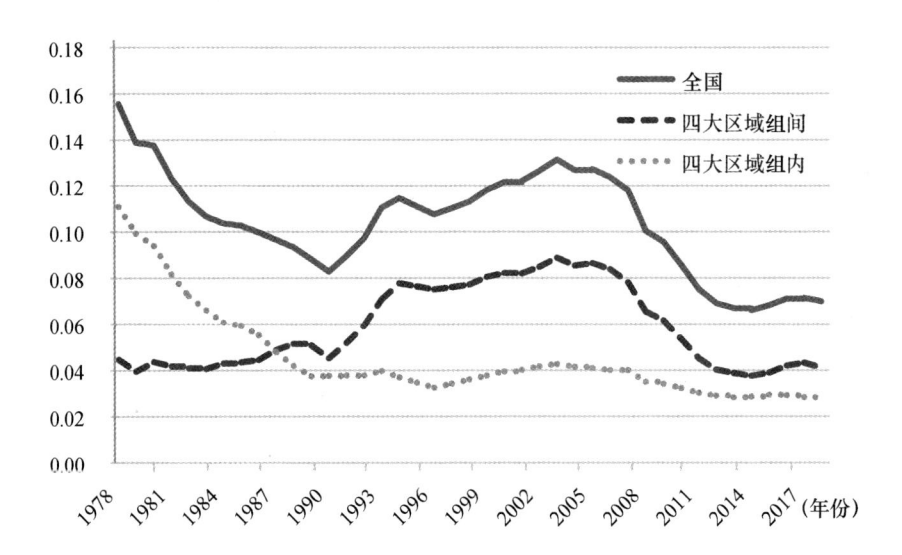

图 4—6　全国和四大区域差距：泰尔指数（1978—2018）

资料来源：同图4—4。

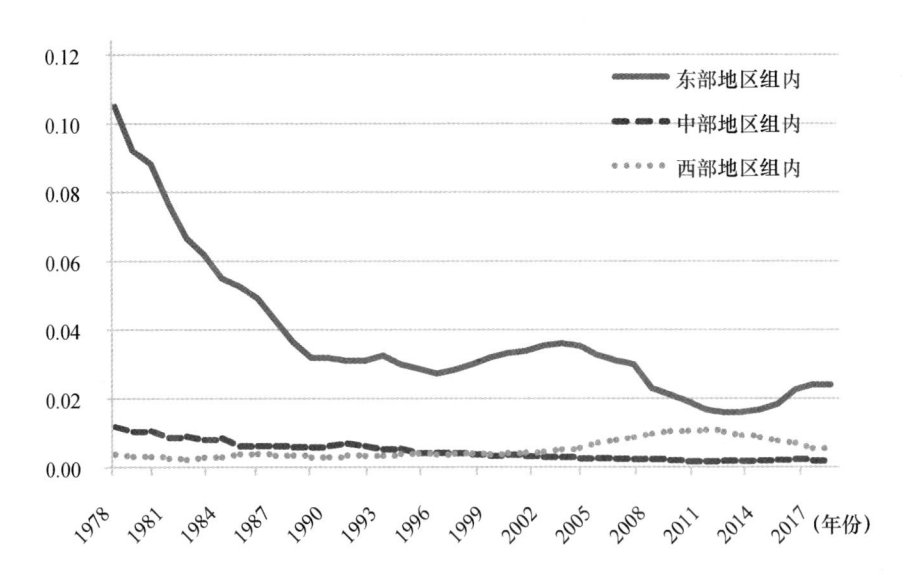

图 4—7　全国三大区域组内差距：泰尔指数（1978—2018）

资料来源：同图4—4。

势，并于2003年达到最高值0.036，其后再次下降至2012年最低值0.016，并于2014年再次上升。但与1978年的0.105相比，2018年降至0.024，下降趋势明显。与之相比，中部地区组内差距长期处于稳步下降态势，自1978年的0.012下降到2018年的0.002。西部地区组内差距的变化趋势也基本较为稳定，由1978年的0.004小幅上升至2009年的0.011后，近年再度下降，2018年降至0.005。

再对比图4—8的四大区域组内差距，东部地区组内差距和西部地区组内差距与图4—7的三大区域组内差距变化趋势几乎一致，东部地区组内差距由1978年的0.101降至2018年的0.021，西部地区组内差距在2011年达到最高值0.011后逐渐下降，中部地区和东北部地区的组内差距几乎没有太大变化。

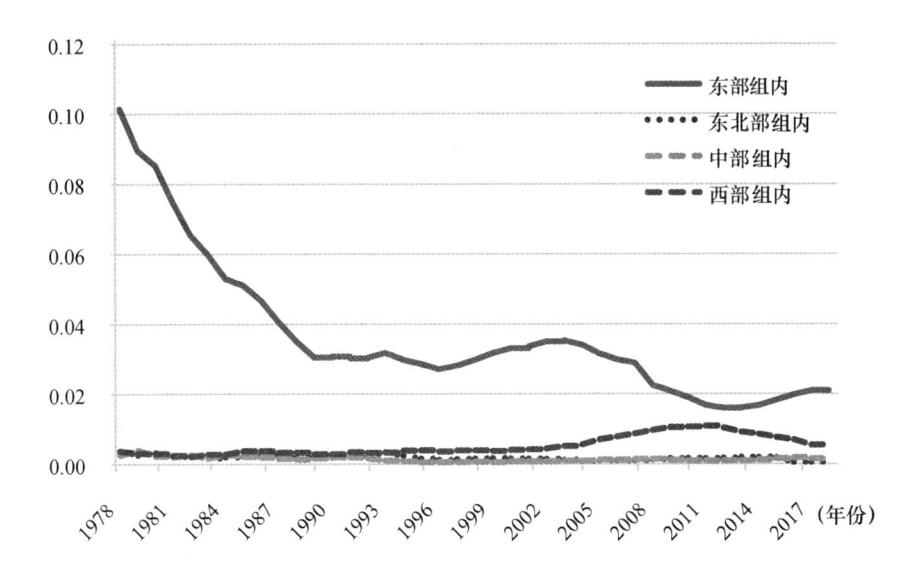

图4—8　全国四大区域组内差距：泰尔指数（1978—2018）

资料来源：同图4—4。

表4—3　全国三大区域组间与三大区域组内的泰尔指数及贡献率

年份	泰尔指数			贡献率（%）				
	T	T_1	T_2	T_1	T_2	T_E	T_C	T_W
1978	0.156	0.035	0.121	22.5	77.5	67.5	7.6	2.4
1980	0.138	0.036	0.102	26.0	74.0	64.1	7.7	2.2
1985	0.103	0.040	0.062	39.2	60.8	51.2	5.9	3.7
1990	0.083	0.042	0.041	50.6	49.4	38.4	7.5	3.5
1995	0.111	0.074	0.037	66.9	33.1	25.8	3.7	3.6
2000	0.122	0.081	0.041	66.4	33.6	27.3	2.9	3.3
2005	0.127	0.085	0.042	66.9	33.1	25.6	2.0	5.5
2010	0.086	0.054	0.031	63.4	36.6	22.3	1.9	12.4
2011	0.075	0.046	0.029	61.0	39.0	22.3	2.2	14.4
2012	0.069	0.041	0.028	59.5	40.5	23.1	2.6	14.9
2013	0.067	0.040	0.027	59.7	40.3	24.0	2.6	13.7
2014	0.066	0.039	0.027	58.8	41.2	25.4	2.8	13.0
2015	0.068	0.040	0.028	58.8	41.2	27.0	3.0	11.2
2016	0.071	0.039	0.032	55.2	44.8	31.8	3.2	9.8
2017	0.071	0.040	0.031	56.2	43.8	33.6	2.6	7.6
2018	0.070	0.038	0.031	55.0	45.0	34.8	2.9	7.4

注：T_1为三大区域组间差距，T_2为三大区域组内差距，$T_2 = T_E + T_C + T_W$，T_E为东部地区组内差距，T_C为中部地区组内差距，T_W为西部地区组内差距。

资料来源：同图4—4。

表4—4　全国四大区域组间与四大区域组内的泰尔指数及贡献率

年份	泰尔指数			贡献率（%）					
	T	T_1	T_2	T_1	T_2	T_E	T_N	T_C	T_W
1978	0.156	0.045	0.111	28.7	71.3	65.2	2.0	1.7	2.4
1980	0.138	0.044	0.094	31.7	68.3	62.0	2.4	1.7	2.2
1985	0.103	0.043	0.059	42.3	57.7	49.7	2.3	2.1	3.7
1990	0.083	0.045	0.038	54.6	45.4	37.2	2.3	2.4	3.5
1995	0.111	0.076	0.035	68.8	31.2	25.7	1.4	0.5	3.6
2000	0.122	0.082	0.039	67.6	32.4	27.2	1.3	0.6	3.3

续表

年份	泰尔指数			贡献率（%）					
	T	T_1	T_2	T_1	T_2	T_E	T_N	T_C	T_W
2005	0.127	0.086	0.041	67.9	32.1	24.8	0.8	1.0	5.5
2010	0.086	0.053	0.032	62.4	37.6	22.2	1.9	1.1	12.4
2011	0.075	0.045	0.030	60.0	40.0	22.2	2.1	1.2	14.4
2012	0.069	0.040	0.029	58.1	41.9	23.0	2.5	1.4	14.9
2013	0.067	0.039	0.028	57.9	42.1	24.0	2.9	1.5	13.7
2014	0.066	0.038	0.029	56.8	43.2	25.3	3.0	1.9	13.0
2015	0.068	0.039	0.029	57.0	43.0	26.8	2.7	2.3	11.2
2016	0.071	0.042	0.029	59.1	40.9	27.9	0.7	2.6	9.8
2017	0.071	0.043	0.028	60.4	39.6	29.3	0.6	2.1	7.6
2018	0.070	0.041	0.029	58.8	41.2	30.7	0.7	2.4	7.4

注：T_1为四大区域组间差距，T_2为四大区域组内差距，$T_2 = T_E + T_N + T_C + T_W$，$T_E$为东部地区组内差距，$T_N$为东北部地区组内差距，$T_C$为中部地区组内差距，$T_W$为西部地区组内差距。

资料来源：同图4—4。

表4—3给出了三大区域的组间差距（T_1）和组内差距（T_2）的变化状况，以及组内差距中东部、中部和西部各自对全体差距变动影响的贡献率。结合图4—5可以看出，1978—1987年，三大区域组内差距是影响整体区域差距的主要因素，而自1988年以后三大区域组间差距超过了组内差距，成为影响区域差距的主要因素。在三大区域组内差距中，东部地区组内差距的贡献率由1978年的67.5%降至2009年的22.1%，2010年以后持续上升，对组内差距的影响最大。从2018年的区域差距分解来看，三大区域组间差距的贡献率为55.0%，三大区域组内差距为45.0%，而东部、中部和西部地区组内差距分别为34.8%、2.9%和7.4%。

同样，表4—4显示了四大区域的组间差距（T_1）和组内差距（T_2）的变化状况以及组内差距的贡献率。结合图4—6，自1987年以后，四大区域组间差距超过了组内差距，成为影响区域差距的主要因素。在四大区域组内差距中，东部地区组内差距的贡献率变化趋势与表4—3相似，对组内差距贡献最大。

综上所述，三大区域与四大区域的变化趋势基本一致，如果从三大区域的分析来看，区域差距经历了四个阶段：1978—1990年，泰尔指数由0.156降至0.083，下降原因主要是三大区域组内差距下降；1990—2003年，泰尔指数由0.083增至0.131，增加原因主要是三大区域组间差距扩大；2003—2014年，泰尔指数由0.131再次降至0.066，下降原因是三大区域组间和组内差距同时下降；而2014年以后泰尔指数的再次上升是三大区域组内差距扩大的结果。

第二节 改革开放后城乡收入差距的演变

一 改革开放后的城乡收入相对差距

通过图4—9来观察城市家庭人均可支配收入和农村家庭人均纯收入比率的变化。从长期来看，截至1982年城乡收入相对差距不断缩小，而1984—2009年，城乡收入相对差距基本上一直呈现扩大趋势，仅1994—1997年呈现一时缩小趋势。2009年城乡收入比率达到最高值3.3，随后再度呈现逐渐缩小的趋势。2018年中国城市居民人均可支配收入为39251元，而农村居民人均纯收入仅为14617元，城乡收入相对差距约为2.7∶1。

20世纪80年代初期收入相对差距一度缩小的主要原因：自1978年改革开放以来，由于导入联产承包责任制以及提高农产品收购价格，农民收入有所提高。而在1984年以后，农村乡镇企业迅速发展，对农民而言，农业以外的收入比例也大幅增加。从乡镇企业获得的收入中，农民人均纯收入所占比重由1978年的8.04%迅速上升至1988年的19.98%①。

20世纪90年代中期收入相对差距缩小的主要原因：除了提高农产品收购价格外，还与1994年为减少8000万贫困人口而实施的"国家八七扶贫攻坚计划"有关。截至1998年，农村绝对贫困人口锐减至4210万人，取得了巨大的成功。

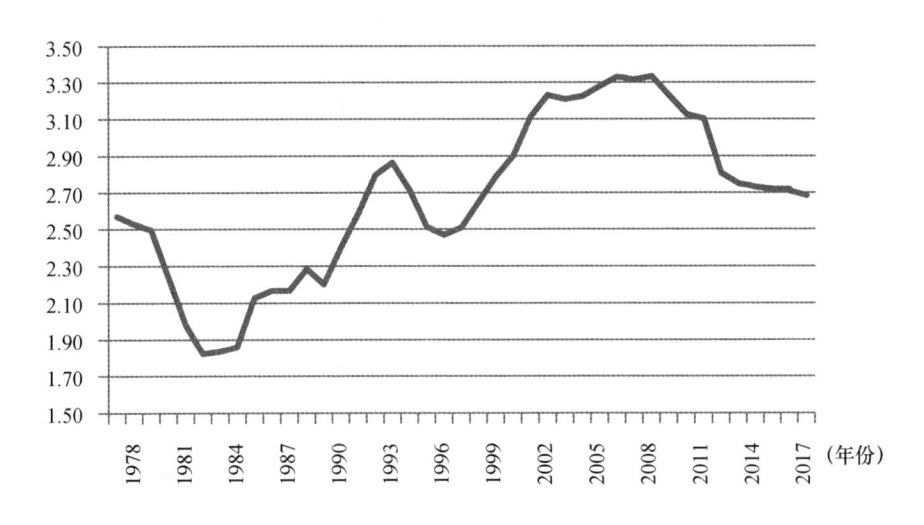

图4—9 全国城乡居民人均收入比率（1978—2018）

说明：收入比率=城乡居民人均可支配收入÷农村居民人均纯收入
资料来源：根据国家统计局编《中国统计年鉴2019》整理计算得出。

二 全国31个省份城乡收入差距的现状

图4—10表示1978—2018年31个省份城市家庭人均可支配收入和农村家庭人均纯收入的变异系数。两者变化趋势几乎相同，均呈先扩大后缩小的趋势，特别是2006年以后农村家庭的变异系数呈现明显缩小趋势。从整体来看，农村家庭人均纯收入变异系数高于城市，因此农村家庭收入的省际不平等程度高于城市家庭。具体从城市家庭收入的省际差距来看，截至2006年一直呈扩大趋

---

① 根据《中国乡镇企业30年》，下同。

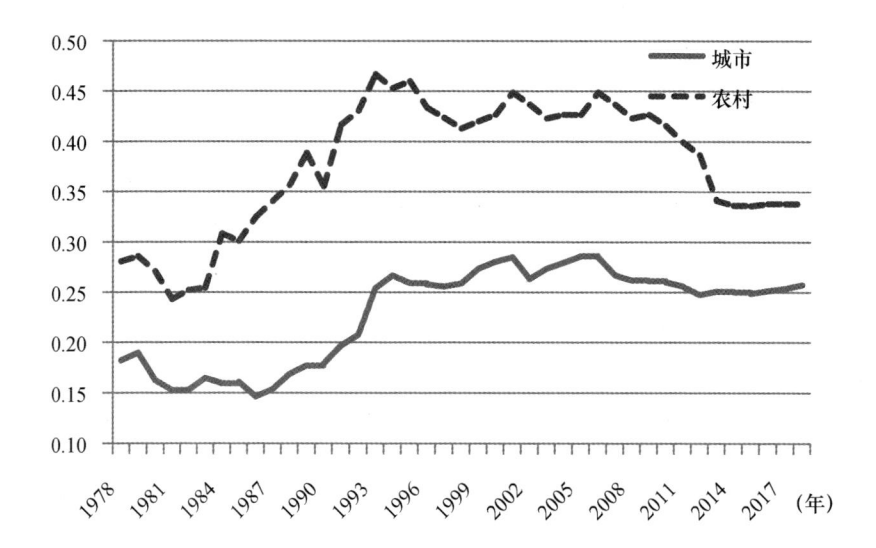

图4—10　全国各省城乡居民平均收入差距：变异系数（1978—2018）

说明：(1) 这里的变异系数没有对人口份额进行加权平均。

(2) 城市数据：1978 年 26 省、1979 年 17 省、1980 年 27 省、1981—1983 年 29 省、1984—1986 年 30 省、1987—2018 年 31 省；农村数据：1978—1979 年 28 省、1980—1986 年 30 省、1987—2018 年 31 省。

资料来源：城市数据：1978—2008 年来自国家统计局编《新中国六十年统计资料汇编》，2009—2018 年来自国家统计局编《中国统计年鉴各年度版》；农村数据：1978—1999 年来自国家统计局编《新中国六十年统计资料汇编》，2000—2018 年来自国家统计局编《中国统计年鉴各年度版》。

势，此后呈缩小趋势；相比之下，从农村家庭收入的省际差距来看，1980—1993 年持续扩大后，1994—2006 年反复扩大和缩小，此后呈现缩小趋势。另外，从变异系数数值来看，城市家庭收入的变异系数从 1978 年的 0.18 上升到 2018 年的 0.26，最高值为 2006 年的 0.29；与之相比，农村家庭收入的变异系数从 1978 年的 0.28 上升到 2018 年的 0.34，1993 年达到最高值 0.47。综上所述，1978—2018 年，省际城乡收入差距不断扩大，近年虽然呈现缩小趋势，但农村家庭收入差距仍然显著高于城市家庭。

衡量收入差距的尺度不仅局限于变异系数，还有作为测量收入不平等度的基尼系数①。考虑到数据的一致性，基于1990—2018年数据得到的基尼系数如图4—11。

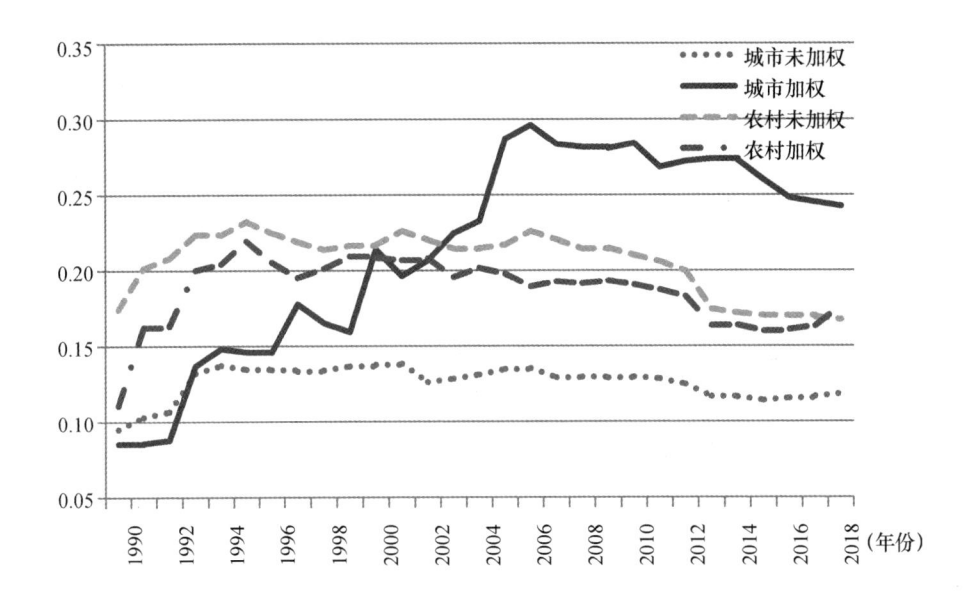

图4—11　全国各省城乡居民平均收入差距：基尼系数（1990—2018）

说明：①未加权基尼系数：未考虑人口权重的计算结果。
②加权基尼系数：分别对各省城市人口和农村人口进行加权后得到的结果。

资料来源：城市数据：1990—2008年来自国家统计局编《新中国六十年统计资料汇编》，2009—2018年来自国家统计局编《中国统计年鉴各年度版》；农村数据：1990—1999年来自国家统计局编《新中国六十年统计资料汇编》，2000—2018年来自国家统计局编《中国统计年鉴各年度版》；城乡人口数据分别来自《全国分县市人口统计资料各年度版》和《中国统计年鉴各年度版》（2000年以后为常住人口数据）。

---

① 基尼系数（Gini coefficient）：表示完全平等的对角线和洛伦兹曲线的面积占对角线下三角形面积的比例，主要是衡量社会收入分配不平等的指标。基尼系数的区间从0到1，值越小平等度越高，值越大平等度越低。

这里，用"未加权"和"加权"两种处理方法计算了基尼系数。"未加权"基尼系数是在不考虑人口权重差异的情况下计算的结果，而"加权"基尼系数是对人口进行加权平均后计算的结果，应该能更准确地反映长期变化趋势。从长期变化趋势看，城市和农村收入的省际差距均呈扩大趋势，农村未加权基尼系数高于城市，而农村加权基尼系数要低于城市。从城市家庭人均可支配收入的省际差距看，未加权基尼系数和加权基尼系数呈现完全不同的变化趋势，未加权基尼系数所反映的差距是从1990年开始扩大后，没有太大的变化。然而，加权基尼系数所反映的差距持续扩大至2006年，2006年达到最高值0.296，之后逐渐缩小。从农村家庭人均纯收入的省际差距来看，未加权基尼系数和加权基尼系数趋势基本相同，自1990年起上升后趋于稳定，近年略有下降。另外，比较城市家庭和农村家庭收入的加权基尼系数，省际收入差距在2007年以后均有缩小的倾向。

如图4—12和表4—5所示，对比1978—2018年各省城乡间的居民平均收入差距（城市和农村人均收入的比值），分别用两者比值的最大值（Max）、中位值（Median）和最小值（Min）来表示。从图4—12可以看出，最大值、中位值和最小值显示出几乎相同的变化趋势。城乡间收入差距从1985年至2000年持续扩大，一度缩小后再次扩大，并于2005年达到峰值，之后开始呈现缩小趋势。

表4—5　　　　　　全国各省城乡间居民平均收入差距

年份	城乡间				城市		农村	
	地区数	最大值	最小值	中位值	地区数	变异系数	地区数	变异系数
1978	26	4.040	1.445	2.466	26	0.182	28	0.281
1980	27	2.866	1.553	2.166	27	0.162	30	0.271

续表

年份	城乡间				城市		农村	
	地区数	最大值	最小值	中位值	地区数	变异系数	地区数	变异系数
1985	30	2.498	1.172	1.844	30	0.161	30	0.301
1990	31	3.213	1.311	2.208	31	0.179	31	0.355
1995	31	4.556	1.689	2.736	31	0.259	31	0.460
2000	31	4.845	1.892	2.479	31	0.280	31	0.427
2001	31	3.426	1.398	1.890	31	0.285	31	0.449
2002	31	2.784	1.246	1.698	31	0.263	31	0.437
2003	31	2.537	1.259	1.614	31	0.274	31	0.423
2004	31	2.633	1.310	1.668	31	0.279	31	0.427
2005	31	6.320	3.332	4.335	31	0.286	31	0.427
2006	31	4.932	2.506	3.369	31	0.285	31	0.449
2007	31	4.498	2.329	3.129	31	0.267	31	0.437
2008	31	4.271	2.319	3.063	31	0.262	31	0.423
2009	31	4.281	2.291	3.073	31	0.261	31	0.427
2010	31	4.073	2.192	2.947	31	0.260	31	0.416
2011	31	3.979	2.068	2.851	31	0.256	31	0.399
2012	31	3.934	2.064	3.073	31	0.248	31	0.387
2013	31	3.556	1.888	2.627	31	0.251	31	0.341
2014	31	3.474	1.852	2.593	31	0.250	31	0.336
2015	31	3.427	1.845	2.570	31	0.249	31	0.336
2016	31	3.446	1.848	2.552	31	0.252	31	0.338
2017	31	3.438	1.852	2.546	31	0.254	31	0.338
2018	31	3.403	1.863	2.532	31	0.258	31	0.337

资料来源：同图4—11。

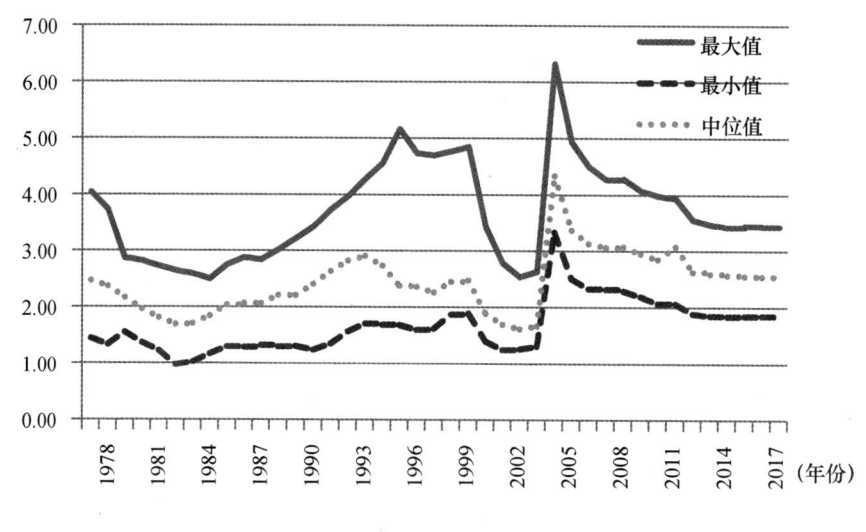

图4—12 全国各省城乡间收入差距（1978—2018）

说明：城乡间收入差距（城乡间）＝城市家庭人均可支配收入÷农村居民人均纯收入。

资料来源：同图4—11。

三 城乡收入阶层差距

再来考察一下城乡收入阶层的差距。根据《中国统计年鉴》的抽样调查，考察中国城市和农村家庭按照收入五等份分组的收入分配情况。

如表4—6、表4—7和图4—13所示，以各收入阶层的比重以及城市收入阶层和农村收入阶层的基尼系数为指标，考察1995—2018年城市居民收入差距和2001—2018年农村居民收入差距的现状。

首先，如表4—6所示，从城市各收入阶层的比重看，高收入户（占全体收入阶层的20%）的比重一直超过40%，甚至在2002年以后，其比重一度上升至50%以上，有明显的上升趋势，而在2013年以后又回落到40%左右。与之相比，低收入户（占全体收入阶层的20%）的比重从1996年的15.4%开始持续下降，2002年以后下降至10%左右，并在2013年以后下降到10%以下，可以看出高收入户和低收入户之间的差距由扩大逐渐转为缩小趋势。结合图4—13的城市收入阶层基尼系数来看，也能明显地看出，城市居民收入差距呈现由扩大转为缩小，2016年以后有再次扩大的趋势。

表4—6　　　　　　　全国城市居民家庭收入阶层占比

年份	低收入户（20%）	中间偏下户（20%）	中间收入户（20%）	中间偏上户（20%）	高收入户（20%）
1995	15.4	10.6	12.9	15.7	45.4
1996	15.4	10.5	12.9	15.8	45.4
1997	14.8	10.4	12.8	15.8	46.3
1998	14.4	10.2	12.7	15.8	46.8
1999	14.0	10.0	12.6	15.8	47.5
2000	13.3	9.8	12.5	15.9	48.4
2001	12.9	9.6	12.3	15.8	49.4
2002	10.6	8.6	11.6	15.5	53.7
2003	10.3	8.4	11.4	15.3	54.7
2004	10.0	8.3	11.2	15.2	55.4
2005	9.7	8.1	11.1	15.3	55.7
2006	9.9	8.2	11.2	15.3	55.5
2007	10.0	8.3	11.2	15.3	55.1
2008	9.7	8.1	11.2	15.4	55.7
2009	9.8	8.2	11.3	15.4	55.2
2010	10.1	8.4	11.4	15.4	54.7
2011	10.2	8.4	11.3	15.3	54.8
2012	10.7	8.7	11.6	15.4	53.6
2013	7.0	12.4	17.0	23.0	40.7
2014	7.2	12.7	17.2	23.0	39.8
2015	7.3	12.9	17.5	23.2	39.1
2016	7.2	12.8	17.5	23.3	39.1
2017	7.1	12.6	17.4	23.2	39.7
2018	6.9	11.9	16.9	23.6	40.7

注：1995—2012年城市居民收入按照七等份进行分组，因此将最低收入户（10%）与较低收入户（10%），较高收入户（10%）与最高收入户（10%）分别进行合并后，以五等份分组计算比重。

资料来源：根据国家统计局编《中国统计年鉴各年度版》整理计算得出。

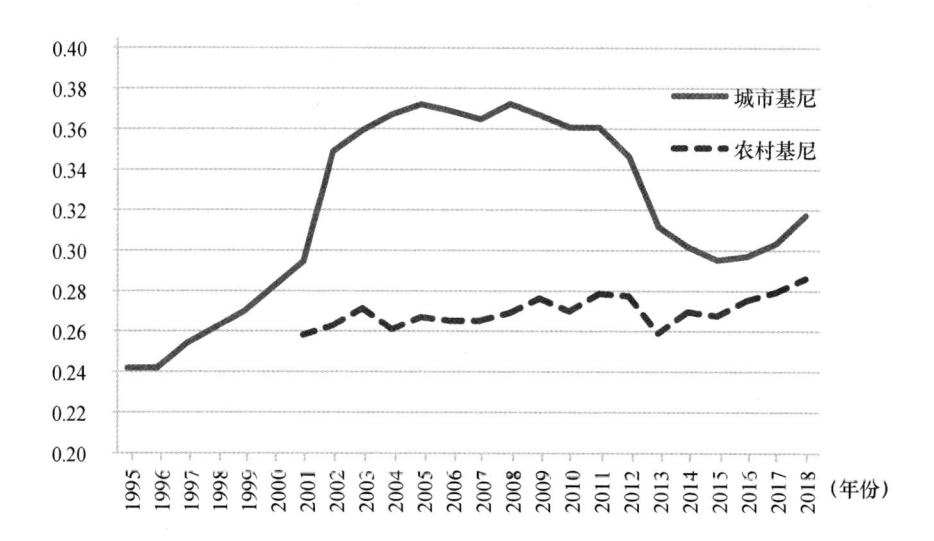

图 4—13 全国城乡居民家庭收入阶层的基尼系数（1995—2018）

注：1995—2018 年为城市居民收入基尼系数；2001—2018 年为农村居民收入基尼系数。

资料来源：同表 4—6。

其次，如表 4—7 所示，从农村各收入阶层的比重看，自 2001—2018 年，高收入户（20%）的比重一直超过 40%，没有太大变化，而低收入户（20%）的比重一直处于 7% 以下，近年有下降趋势，可以看出高收入户和低收入户之间的差距很大。结合图 4—13 的农村收入阶层基尼系数来看，农村居民收入差距自 2001 年起呈现缓慢扩大的趋势，2013 年以后才有较为明显的扩大趋势。

表 4—7 全国农村居民家庭收入阶层占比

年份	低收入户（20%）	中间偏下户（20%）	中间收入户（20%）	中间偏上户（20%）	高收入户（20%）
2001	6.4	11.6	16.2	22.6	43.2
2002	6.3	11.5	16.0	22.4	43.7
2003	6.1	11.2	15.9	22.4	44.4

续表

年份	低收入户 (20%)	中间偏下户 (20%)	中间收入户 (20%)	中间偏上户 (20%)	高收入户 (20%)
2004	6.3	11.5	16.2	22.6	43.4
2005	6.0	11.4	16.1	22.6	43.8
2006	6.1	11.4	16.2	22.8	43.5
2007	6.0	11.5	16.3	22.8	43.5
2008	5.8	11.4	16.3	22.9	43.7
2009	5.5	11.1	16.1	23.1	44.1
2010	5.8	11.2	16.2	23.1	43.6
2011	5.2	11.2	16.3	23.3	44.0
2012	5.3	11.1	16.3	23.4	43.9
2013	5.7	11.8	16.7	23.5	42.3
2014	4.9	11.7	16.9	23.9	42.6
2015	5.0	11.8	16.9	23.8	42.5
2016	4.5	11.8	16.9	23.8	43.0
2017	4.6	11.6	16.7	23.6	43.5
2018	4.8	11.1	16.3	23.5	44.3

资料来源：同表4—6。

综上所述，改革开放以来，中国整体区域差距和区域间差距1991年开始持续扩大至2003年，并于2004年以后逐渐缩小，2014年以后再度呈现扩大趋势。尽管全国的城乡收入差距有所扩大，但省际城乡差距自2007年以来呈一时缩小趋势，并在2014年以后再次呈现扩大趋势。城乡间收入差距从1985—2000年持续扩大，一度缩小后再次扩大，2006年开始呈现缩小趋势。城市居民收入差距自1996年起逐渐扩大，2008年至2015年逐渐缩小，2016年以后再度扩大；农村居民收入差距在2013年开始有明显的扩大趋势。

第三节　区域经济差距的实证分析*

一　相关研究及文献

正如第二章所述，自 1978 年改革开放以来，中国区域经济有了显著的变化。最初实行了优先发展东部沿海地区，并依次开发东部、中部、西部地区的区域政策。然而，随着东部沿海地区的经济发展，其与内陆地区的发展差距开始迅速扩大。因此，为了缩小区域差距，政府将区域经济的均衡发展战略作为重点，随后又陆续提出促进劳动密集型产业向内陆地区转移的政策。

在区域经济发展趋势及其影响因素的实证研究中，Baumol 通过对 1870—1979 年的 Maddison 数据进行分析，结果表明市场经济工业化国家的人均 GDP 具有比较明显的收敛性[①]。沈坤荣、马俊通过研究中国经济的收敛性，发现中国东中西部地区分别存在显著的俱乐部收敛，三大区域内部各个省份之间的人均收入趋于聚集，将区域经济结构特征的变量，如人力资本、市场开放度等控制之后发现，区域经济存在一定的收敛[②]。刘生龙等采用了差分内差分方法，评估了西部大开发对于促进西部地区经济增长及中国区域经济收敛的作用，通过采用 1987—2007 年中国省际面板数据，运用 GMM 计量分析方法，发现西部大开发使中国经济存在一定的收敛，西部大开发主要是通过大量的实物资本特别是基础设施投资实现的，教育

---

* 本节是基于以下论文翻译修改而成。Wang, N., "Analysis of Influential Factors and Spillover Effect on the Regional Economic Disparity in China", in Ishikawa T. (ed.), *Locational Analysis of Firms' Activities from a Strategic Perspective*, Singapore: Springer Nature Singapore Pte Ltd., 2018.

① Baumol, W. J., "Productivity Growth, Convergence, and Welfare: What the Long – Run Data Show", *American Economic Review*, Vol. 76, No. 5, 1986, pp. 1072 – 1085.

② 沈坤荣、马俊：《中国经济增长的"俱乐部收敛"特征及其成因研究》，《经济研究》2002 年第 1 期。

发展、科技进步等因素并没有很好地促进区域经济收敛①。其他相关的实证分析中，管卫华等从要素投入差异和相应的环境差异分析了区域经济差距的影响原因②。任建军、阳国梁从资本因素角度分析了其区域经济差距的形成原因③。张龙鹏、周立群从产业结构和人力资本角度分析了其对区域经济差距的影响④。陈凯、张方将生产性公共支出纳入宏观经济模型，评估财政政策对区域经济差距的影响效果⑤。对于经济溢出效应的研究，Zhang and Felmingham 认为存在东中部地区向西部地区的产出溢出效应⑥。Groenewold 等人通过建立 VAR 模型，采用 1953—2003 年的数据，对中国东中西三大区域经济增长的关系进行研究的结果，发现东部地区经济增长对中部地区和西部地区存在很强的溢出效应⑦。刘强采用 30 个省份 1988—2009 年的面板数据计量模型对中国东中西三大区域之间的经济溢出效应进行了实证研究，得到东部地区对自身的溢出效应最明显，对西部的溢出效应最小的结论⑧。

综上所述，现有研究中，对于区域经济差距的影响因素或形成原因的研究较多，近年对于溢出效应的研究也有所增加，仍存在诸

---

① 刘生龙、王亚华、胡鞍钢：《西部大开发成效与中国区域经济收敛》，《经济研究》2009 年第 9 期。

② 管卫华、林振山、顾朝林：《中国区域经济发展差异及其原因的多角度分析》，《经济研究》2006 年第 7 期。

③ 任建军、阳国梁：《中国区域经济发展差异及其成因分析》，《经济地理》2010 年第 5 期。

④ 张龙鹏、周立群：《产业转移缩小了区域经济差距吗——来自中国西部地区的经验证据》，《财经科学》2015 年第 2 期。

⑤ 陈凯、张方：《生产性公共支出、空间溢出效应与区域经济差距——基于多地区动态一般均衡模型的分析》，《中国人口·资源与环境》2017 年第 4 期。

⑥ Zhang, Q. and Felmingham B., "The Role of FDI Exports and Spillover Effects in the Regional Development of China", *Journal of Development Studies*, Vol. 38, No. 4, 2002, pp. 157–178.

⑦ Groenewold, N., Lee, G. and Chen, A., "Regional Output Spillovers in China: Estimates from a VAR Model," *Papers in Regional Science*, Vol. 86, No. 1, 2007, pp. 101–122.

⑧ 刘强：《中国区域经济差距、关联性及溢出反馈效应分析》，硕士学位论文，清华大学，2011 年。

多不足。譬如，在实证分析中的研究对象多为衡量经济增长的变量，即人均 GDP 或人均实际 GDP。人均 GDP 可以证明是否存在经济收敛趋势，但不能更好地阐释区域经济差距，因此研究对象的代表性有待商榷。而且在分析区域经济差距的影响因素时，没有结合经济溢出效应，或是只考虑单方面的研究较多。针对以上不足点，本书在上述章节定性分析区域经济差距演变趋势的基础上，使用 1990—2016 年的数据对 31 个省份建立面板数据模型进行实证分析，将区域经济差距的影响因素和东部地区的经济溢出效应相结合，在兼顾政策效应的同时，考虑溢出效应对区域经济差距的影响效果更具有现实意义。

二 估计模型和数据

通过本章对区域经济差距的演变趋势分析，可以看出中国的区域经济差距呈现收敛趋势。这里采用1990—2016 年中国 31 个省份的面板数据建立计量模型，实证分析区域经济差距的影响因素，并验证东部地区经济增长的溢出效应对区域经济差距的影响。所使用数据均来自《新中国六十年统计资料汇编》《中国统计年鉴 1991—2017》。

（一）估计模型

估计模型中，不使用通常的时间序列模型，而是构造时间序列和横截面数据属性兼具的面板数据，因为面板数据具有时间序列数据（不容易了解个体间差异的缺陷）和横截面数据（不能观察到个体变化的缺点）的两个特性。Baltagi 指出，面板数据的优势是自由样本数量增加时自由度也会变大，并且它不易产生由变量之间的变化而引起的多重共线性问题，而且只要能够观察到同一主体的行为变化，就能够进行动态分析。同时，通过反复观察相同主体，能够控制不可观测的个体间的异质性[①]。

在一般情况下，面板模型如下：

$$y_{it} = a_i + bx_{it} + \varepsilon_{it} \quad (i = 1, 2, \cdots, t = 1, 2, \cdots, n) \quad (4—3)$$

关于误差项：

$$\varepsilon_{it} = \alpha_i + \nu_{it} \quad (4—4)$$

式（4—3）中，y 是因变量，x 表示自变量。i 和 t 分别代表每个个体和时间。a_i 表示第 i 个个体特性的固定效应，b 为每个个体的参数，ε 表示其他因素的误差项。α 表示每个个体的异质性，被称为"个体效应"（Individual effect），假定每个个体的异质性不随时间而改变。此外，也假定个体效应（α）和所有个体的误差项（ν）是没有相关性的。

$$\text{Cov}(\alpha_i, \nu_{it}) = 0 \quad (4—5)$$

假定以下的所有个体的误差项（ν），既没有序列相关性也没有异方差。因此，下面的关系成立：

$$E(\nu_{it}) = 0, \text{Var}(\nu_{it}) = E(\nu_{it}^2) = \sigma_\nu^2,$$
$$\text{Cov}(\nu_{it}, \nu_{js}) = 0 \quad (i \neq j \text{ and } s \neq t) \quad (4—6)$$

把以上内容整理一下，面板估计模型如下：

$$y_{it} = a_i + bx_{it} + \alpha_i + \nu_{it} \quad (4—7)$$

但是，$E(\nu_{it}) = 0$，$\text{Var}(\nu_{it}) = E(\nu_{it}^2) = \sigma_\nu^2$，$\text{Cov}(\nu_{it}, \nu_{js}) = 0$，$\text{Cov}(\alpha_i, \nu_{it}) = 0$

（二）变量说明及数据处理

1. 区域经济差距的影响因素

根据新古典经济增长理论，物质资本积累、劳动力和技术水平对经济增长有着显著的影响，新经济增长理论认为技术以外的其他

[①] Baltagi, B. H., *Economic Analysis of Panel Data* (*Third Edition*), John Wiley & Sons, Ltd., 2005.

因素对经济增长也有影响，比如人力资本积累水平、市场结构等。Barro 还将政府公共支出纳入内生经济增长模型，考虑其对经济增长的可能影响①。在综合考虑各种因素对经济增长的可能影响之后，这里将经济增长模型改为区域经济差距模型。在既往经验研究中，通过实证研究来验证区域经济差距时，使用的被解释变量多为省际人均 GDP②③或是人均 GDP 增长率④，或采用各地区人均 GDP 与全国人均 GDP 的差值⑤。在此，采用区域经济的相对差距，即各省人均 GDP 与全国人均 GDP 的比值作为被解释变量。各变量说明见表 4—8 所示，为避免异方差的影响，对虚拟变量以外的所有变量都取对数进行计算。在考虑区域经济差距影响因素的解释变量时，分别从城市化、产业结构、人力资本、物质资本存量、劳动力资本、财政政策、市场开放度等多个角度进行选取。具体变量包括城市化水平、第二产业和第三产业的比重、人力资本水平、固定资产投资的比重、城镇从业人员的比重、财政支出的比重以及进出口贸易的比重。

2. 经济溢出效应

根据区域经济学的理论，区域经济之间存在经济溢出效应与反馈效应。所谓溢出效应，是指一个地区经济的发展会对其他地区产生一定的带动作用，促进其他地区经济的发展；所谓反馈效应，是

---

① Barro, R., "Government Spending in a Simple Model of Endogenous Growth", *Journal of Political Economy*, Vol. 98, No. 5, 1990, pp. 103 – 125.

② 潘文卿：《中国区域经济差异与收敛》，《中国社会科学》2010 年第 1 期。

③ 刘强：《中国区域经济差距、关联性及溢出反馈效应分析》，硕士学位论文，清华大学，2011 年。

④ 刘生龙、王亚华、胡鞍钢：《西部大开发成效与中国区域经济收敛》，《经济研究》2009 年第 9 期。

⑤ 卢洪友、郑法川、贾莎：《前沿技术进步、技术效率和区域经济差距》，《中国人口·资源与环境》2012 年第 5 期。

表 4—8 变量说明

类型	变量名称	变量符号	处理过程
被解释变量	区域差距	$gapr$	各省份人均实际 GDP 与全国人均 GDP 之比
解释变量	城市化水平	urb	各省份城市人口①占全省总人口②的比重
	财政支出比重	fis	各省份财政支出占 GDP 的比重
	固定资产投资比重③	fci	各省份固定资产投资占 GDP 的比重
	贸易比重	$imex$	进出口贸易④占 GDP 的比重
	第二产业比重	sec	各省份第二产业占 GDP 的比重
	第三产业比重	ter	各省份第三产业占 GDP 的比重
	城镇从业人员比重	emp	各省份城镇单位从业人员占该省总人口的比重
	人力资本水平⑤	huc	大学生在校人数
	东部地区溢出效应	$east$	如果是东部省份，除自身之外的其他东部省份的人均实际 GDP 的平均值；如果是中部省份和西部省份，则为 0
	中部地区溢出效应	mid	如果是中部省份，则为当年东部省份人均实际 GDP 的平均值；如果不是中部省份，则为 0
	西部地区溢出效应	$west$	如果是西部省份，则为当年东部省份人均实际 GDP 的平均值；如果不是西部省份，则为 0
	西部地区省份的虚拟变量	$dwest$	西部省份为 1，东部和中部省份为 0
	时间虚拟变量 2000	$d2000$	2000 年前为 0，2000 年后为 1
	时间虚拟变量 2008	$d2008$	2008 年前为 0，2008 年后为 1

---

① 1990—1999 年城市人口数据采用户籍人口数据，2000 年以后各省份城市人口数据，按城市常住人口计算。

② 1990—2015 年各省总人口为各省 GDP 与 GDP 人均之比，2016 年各省份总人口为各省末人口数。

③ 固定资产投资主要是指城镇和农村各种登记注册类型的企业、事业、行政单位及城镇个体户进行的计划总投资 500 万元及以上的建设项目投资和房地产开发投资等。

④ 进出口贸易额按折合人民币计算。

⑤ 一般情况下，人力资本指标使用高校毕业生人数将更为合适，由于数据的局限性，这里采用大学生人数。

指一个地区的经济发展对另一个地区产生影响后又间接地对自身产生影响。为了验证经济溢出效应对区域经济发展的影响作用，在上述的计量模型中加入衡量东部地区对自身、中部和西部地区溢出效应的变量（分别是 $east_{it}, mid_{it}, west_{it}$）。其中，$east_{it}$ 取值为 t 年除去自身之外的东部地区省份人均实际 GDP 的平均值，当 i 表示中西部地区省份时取值为 0；mid_{it} 取值为当 i 是中部地区省份时 t 年东部地区省份人均实际 GDP 的平均值，当 i 不是中部地区省份时取值为 0；同样，$west_{it}$ 取值为当 i 是西部地区省份时 t 年东部地区省份人均实际 GDP 的平均值，当 i 不是西部地区省份时取值为 0。由于衡量经济溢出的变量 $east_{it}, mid_{it}, west_{it}$ 中都包含 0，因此不对这 3 个变量取对数。

另外，考虑到 2000 年以后政府实施西部大开发战略，从政策等各个方面向西部倾斜。一般而言，政府的政策倾斜大力支持西部地区的基础设施建设和经济发展，政策效应可能会超过东部地区的经济溢出效应。因此，可以将 2000 年作为一个时间分界点，考察 2000 年前后东部地区对中西部地区的经济溢出效应对区域经济差距的影响效果。为此引入一个虚拟变量 $d2000$，2000 年以前的时间点取值为 0，2000—2016 年的时间点取值均为 1。在面板数据模型中，考虑上述各经济溢出变量与虚拟变量 $d2000$ 的三个交互项（$east_{it}*d2000, mid_{it}*d2000, west_{it}*d2000$），这三个交互项可以检验 2000 年之后的经济溢出效应对区域经济差距影响的效果。同时，为验证 2000 年以后西部大开发政策对西部地区的扶助是否缩小了区域经济差距，在模型中加入西部地区省份的虚拟变量 $dwest$ 与虚拟变量 $d2000$ 的交互项（$dwest*d2000$）。同样的，2008 年 9 月开始为应对世界金融危机，政府在 2008 年末进行 4 万亿元规模的政府投资，其中的大部分投资是以内陆地区的基础设施建设为目的，推动了内陆地区经济的快速增长。因此，也将 2008 年作为一个时间分界点，一般而言，东部沿海地区与中西部地区相比，受到金融危机的影响更为严重，有必要特别关注东部地区对中西部地区的经济溢出效应是否影响区域经济差距的变化。为此引入虚拟变量 $d2008$，2008 年以前的时间点取值为 0，2008—2016 年的时间点取值均为 1，同时在面板数据模型中，加入各经济溢出效应变量与虚拟变量 $d2008$ 的三个交互项（$east_{it} * d2008$，$mid_{it} * d2008$，$west_{it} * d2008$），这三个交互项可以检验 2008 年之后的经济溢出效应对区域经济差距的影响效果。另外，为验证 2008 年以后政府投资政策对西部地区的扶助是否影响了区域经济差距的变化，需要在模型中加入西部地区省份的虚拟变量 $dwest$ 与虚拟变量 $d2008$ 的交互项（$dwest * d2008$）。

三　面板数据模型

首先，对各个变量的描述性统计分析见表 4—9 所示。分别展示了各变量的观察样本量、平均值、标准差、最小值和最大值。

表 4—9　　　　　　　　　　描述性统计分析

变量	样本量	平均值	标准差	最小值	最大值
gapr	837	1.02	0.57	0.30	3.60
urb	837	41.11	17.94	12.30	94.20
fis	837	18.58	15.26	0.56	137.92
fci	837	50.29	23.80	15.27	138.61
imex	837	29.08	38.57	3.20	225.90
sec	837	43.79	8.67	12.90	64.70
ter	837	39.29	8.06	5.60	80.20
emp	837	18.24	9.53	6.00	70.00
huc	837	1.01	0.82	0.10	3.60
east	837	0.39	0.70	0	2.72
mid	837	0.28	0.62	0	2.57

续表

变量	样本量	平均值	标准差	最小值	最大值
west	837	0.43	0.72	0	2.57
east * d2000	837	0.34	0.71	0	2.72
mid * d2000	837	0.25	0.63	0	2.57
west * d2000	837	0.37	0.74	0	2.57
east * d2008	837	0.25	0.69	0	2.72
mid * d2008	837	0.18	0.59	0	2.57
west * d2008	837	0.27	0.71	0	2.57
dwest * d2000	837	0.63	0.48	0	1
dwest * d2008	837	0.13	0.34	0	1

利用表4—8中的各变量，共建立14个面板数据模型见表4—10和表4—11。表4—10中的FE（1）—FE（7）全部选取个体固定效应模型[①]，考察了区域经济差距的影响因素，并验证了经济溢出效应对区域经济差距的影响。在影响因素分析中，各模型均使用相同的解释变量，分别是城市化率、财政支出的比重、固定资产投资的比重、对外贸易的比重、第三产业的比重和人力资本指标。而对于衡量经济溢出效应的模型，分别是东部地区对其自身的溢出效应FE（1），东部地区对中部和西部地区的溢出效应FE（2），2000年以后东部地区对其自身的溢出效应FE（3）和其对中部与西部地区的溢出效应FE（4），2008年以后东部地区对其自身的溢出效应FE（5）和其对中部与西部地区的溢出效应FE（6），FE（7）衡量了2000年和2008年以后西部地区的政策变化对区域经济差距的影响。

---

① 首先选择固定效应模型（Fixed effects regression model）是通过豪斯曼检验的结果。固定效应模型中包括个体固定效应模型和个体时间固定效应模型，在5%的显著性水平下，通过F检验如若拒绝原假设，建立个体时间固定效应模型。因此，这里个体固定效应模型的选择是接受原假设的结果。

而表 4—11 中的 FE（8）—FE（14）全部选取个体时间双向固定效应模型，考察了区域经济差距的影响因素，并验证了经济溢出效应对区域经济差距的影响。在影响因素分析中，各模型均使用相同的解释变量，分别是城市化率、财政支出的比重、固定资产投资的比重、第二产业的比重和城镇从业人员的比重。而对于衡量经济溢出效应的模型，分别是东部地区对其自身的溢出效应 FE（8），东部地区对中部和西部地区的溢出效应 FE（9），2000 年以后东部地区对其自身的溢出效应 FE（10）和其对中部与西部地区的溢出效应 FE（11），2008 年以后东部地区对其自身的溢出效应 FE（12）和其对中部与西部地区的溢出效应 FE（13），FE（14）衡量了 2000 年和 2008 年以后西部地区的政策变化对区域经济差距的影响。

表 4—10　　　　　　　　面板数据估计结果（1）

变量	lngapr						
	FE（1）	FE（2）	FE（3）	FE（4）	FE（5）	FE（6）	FE（7）
lnurb	0.116**	0.097**	0.115**	0.102**	0.112**	0.090**	0.076**
	(3.92)	(3.26)	(3.85)	(3.39)	(3.86)	(3.17)	(2.71)
lnfis	−0.070**	−0.115**	−0.072**	−0.117**	−0.060**	−0.149**	−0.117**
	(−3.29)	(−5.21)	(−3.36)	(−5.24)	(−2.81)	(−6.64)	(−5.43)
lnfci	0.100**	0.084**	0.097**	0.089**	0.112**	0.061**	0.109**
	(5.36)	(3.83)	(5.02)	(4.21)	(6.20)	(2.91)	(5.97)
lnimex	−0.032**	−0.027*	−0.030**	−0.026*	−0.037**	−0.025*	−0.030**
	(−2.73)	(−2.28)	(−2.58)	(−2.19)	(−3.16)	(−2.19)	(−2.54)
lnter	−0.208**	−0.227**	−0.214**	−0.226**	−0.208**	−0.208**	−0.212**
	(−6.55)	(−7.14)	(−6.71)	(−7.11)	(−6.58)	(−6.65)	(−6.74)
lnhuc	−0.035**	−0.048**	−0.033*	−0.053**	−0.043**	−0.032**	−0.028*
	(−2.52)	(−3.34)	(−2.33)	(−3.63)	(−3.10)	(−2.32)	(−2.04)
east	−0.059**						
	(−5.48)						

续表

变量	lngapr						
	FE (1)	FE (2)	FE (3)	FE (4)	FE (5)	FE (6)	FE (7)
mid		0.044**					
		(2.76)					
west		0.054**					
		(4.09)					
east*d2000			-0.047**				
			(-4.93)				
mid*d2000				0.040**			
				(2.92)			
west*d2000				0.046**			
				(4.03)			
east*d2008					-0.048**		
					(-6.27)		
mid*d2008						0.043**	
						(4.10)	
west*d2008						0.060**	
						(7.10)	
dwest*d2000							-0.069**
							(-4.19)
dwest*d2008							0.103**
							(6.09)
c	0.145	0.389*	0.178	0.355	0.085	0.538**	0.375*
	(0.80)	(2.14)	(0.97)	(1.96)	(0.47)	(2.99)	(2.10)
Adjusted R-squared	0.9456	0.9446	0.9452	0.9446	0.9462	0.9469	0.9463
样本量	837	837	837	837	837	837	837

注：** 代表 $p<0.01$，* 代表 $p<0.05$。

表4—11　　　　　　　　　　面板数据估计结果（2）

变量	lngapr						
	FE (8)	FE (9)	FE (10)	FE (11)	FE (12)	FE (13)	FE (14)
lnurb	0.085**	0.082**	0.084**	0.081**	0.088**	0082**	0.045
	(3.18)	(3.03)	(3.09)	(2.97)	(3.41)	(3.16)	(1.78)
lnfis	-0.222**	-0.223**	-0.221**	-0.222**	-0.231**	-0.234**	-0.213**
	(-8.11)	(-8.11)	(-8.06)	(-8.04)	(-8.58)	(-8.70)	(-8.00)
lnfci	0.115**	0.119**	0.118**	0.121**	0.106**	0.113**	0.171**
	(5.29)	(5.35)	(5.35)	(5.37)	(5.14)	(5.38)	(8.64)
lnsec	0.198**	0.197**	0.206**	0.206**	0.168**	0.160**	0.193**
	(5.23)	(5.16)	(5.45)	(5.40)	(4.54)	(4.29)	(5.36)
lnemp	0.126**	0.126**	0.124**	0.124**	0.134**	0.136**	0.151**
	(4.91)	(4.89)	(4.84)	(4.80)	(5.34)	(5.40)	(6.04)
east	-0.043**						
	(-3.52)						
mid		0.036*					
		(2.38)					
west		0.044**					
		(3.38)					
east * d2000			-0.032**				
			(-2.97)				
mid * d2000				0.027*			
				(2.04)			
west * d2000				0.032**			
				(2.84)			
east * d2008					-0.056**		
					(-6.41)		
mid * d2008						0.044**	
						(4.10)	
west * d2008						0.061**	
						(6.62)	
dwest * d2000							-0.118**
							(-6.67)

续表

变量	lngapr						
	FE（8）	FE（9）	FE（10）	FE（11）	FE（12）	FE（13）	FE（14）
dwest * d2008							0.139**
							(7.69)
c	-1.322**	-1.364**	-1.360**	-1.386**	-1.188**	-1.194**	-1.468**
	(-8.32)	(-8.77)	(-8.58)	(-8.85)	(-7.74)	(-7.84)	(-9.94)
Adjusted R-squared	0.9557	0.9555	0.9554	0.9554	0.9572	0.9573	0.9586
样本量	837	837	837	837	837	837	837

注：** 代表 $p<0.01$，* 代表 $p<0.05$。

四 面板数据结果分析

（一）区域经济差距的影响因素

根据固定效应模型（1）—（14）的面板数据分析，得到如下结论：

第一，从模型（1）—（7）来看，在研究期间，城市化率和固定资产投资比重的变动对区域经济差距具有显著的正向影响，城市化率变量前的系数超过了固定资产投资比重变量前的系数，即城市化水平的提高和物质资本存量的增加扩大了区域经济差距，城市化水平的变动对区域经济差距的影响更大。而财政支出比重、对外贸易比重、第三产业比重、人力资本水平的变动对区域经济差距具有显著的负向影响，第三产业比重变量前的系数超过了其他变量前的系数，即地方政府财政支出的增加、市场开放度的深化、第三产业比重的增加以及人力资本水平的提高都有利于区域经济差距的缩小，第三产业比重的增加对缩小区域经济差距效果更强。

第二，从模型（8）—（14）来看，在研究期间，城市化率、固定资产投资比重、第二产业比重和城镇就业人员比重的变动对区域经济差距具有显著的正向影响，第二产业比重变量前的系数超过了其他变量前的系数，即城市化水平的提高、物质资本存量的增加、第二产业比重的增加和城镇从业人员规模的增加都扩大了区域经济差距，第二产业比重的变动对区域经济差距的影响更大。而财政支出比重的变动对区域经济差距具有显著的负向影响，即地方政府财政支出的增加缩小了区域经济差距。

综上所述，各解释变量的估计结果基本符合经济增长模型的解释。

首先，在缩小区域经济差距上，主要受到人力资本水平、产业结构、市场开放度、财政支出的影响。人力资本对经济增长具有显著的正向影响，有利于缩小区域经济差距。服务业发展越好的地区产业结构越合理，且第三产业中的技术密集型产业比第二产业中的劳动密集型产业更有利于提高居民的收入，发展第三产业有利于缩小区域经济差距。对外贸易的成熟度越高代表市场开放度越高，有利于吸引外资，对区域经济发展越有利，进而缩小区域经济差距。虽然在很多经验研究中，地方政府财政支出规模越大的地方，政府干预越严重，而过多的政府干预被证明是阻碍经济发展的，往往会导致资源配置的扭曲[①]。但1990—2016年，整体来看政府干预对缩小区域经济差距还是有利的。

其次，在扩大区域经济差距上，主要受到城市化水平、劳动力资本、物质资本存量、第二产业发展的影响。一个区域的城市化水平体现了人口向城市集中的程度，但在长期以来的认识误区和政策干预之下[②]，当前中国的城市化出现诸多扭曲。譬如，中国的城市

[①] 刘生龙、王亚华、胡鞍钢：《西部大开发成效与中国区域经济收敛》，《经济研究》2009年第9期。

[②] 在城市体系的调整方面，政府的政策导向是重点推进中小城镇的发展，而限制特大城市的发展，具体体现在城市人口规模和户籍制度方面，"十二五规划"提出：特大城市要合理控制人口规模，大中城市要加强和改进人口管理，继续发挥吸纳外来人口的重要作用，中小城市和小城镇要根据实际放宽落户条件。

化水平严重滞后于工业化进程,城市体系和城市布局不合理,城乡收入差距仍然很大,以及城市内部的社会分割等问题逐渐凸显[①],从而影响区域经济的进一步发展,没有很好地缩小区域经济差距。而且政府用行政手段抑制了城市化的发展速度,同时也限制了生产要素中的劳动力要素在城乡间和地区间的自由流动和配置,因此城镇就业人员比重的增加并没有促进城市人口规模的聚集效应,反而不利于区域经济差距的缩小。物质资本的投入在各区域内已经出现要素投入规模报酬递减趋势,资本投入的增加不会带来更大规模的经济效应,即依赖粗放型要素投入的经济模式已经无法满足经济增长目标,其对经济社会环境带来的压力只会阻碍区域经济的进一步发展,反而扩大了区域经济差距。在产业结构方面,由于各省的经济发展重心不同,以第二产业的发展为主导的省份和以第三产业发展为主导的省份及地区之间的经济差距必然存在,理论上第三产业的发展对经济增长的积极作用一般优于第二产业,与上述分析相吻合,第三产业的发展会缩小区域经济差距,而第二产业的发展可能会扩大区域经济差距。

(二) 经济溢出效应对区域经济差距的影响

根据固定效应模型(1)—(14)的面板数据分析得出经济溢出效应的结论如下。

第一,首先,1990—2016 年,东部地区除自身外其他省份的人均实际 GDP 每增加 1 个单位,对东部地区所带来的溢出效应,促使区域经济差距缩小 0.059 个单位 [FE (1)],而东部地区的人均实际 GDP 每增加 1 个单位,对中部地区和西部地区的溢出效应,分别使区域经济差距扩大 0.044 和 0.054 个单位 [FE (2)]。其次,2000—2016 年,东部地区除自身外其他省份的人均实际 GDP

[①] 陆铭:《空间的力量》,格致出版社和上海人民出版社 2017 年版。

每增加1个单位，对东部地区所带来的溢出效应，促使区域经济差距缩小0.044个单位［FE（3）］，而东部地区的人均实际GDP每增加1个单位，对中部地区和西部地区的溢出效应，分别使区域经济差距扩大0.040和0.046个单位［FE（4）］。同样，2008—2016年，东部地区除自身外其他省份的人均实际GDP每增加1个单位，对东部地区所带来的溢出效应，促使区域经济差距缩小0.048个单位［FE（5）］，而东部地区的人均实际GDP每增加1个单位，对中部地区和西部地区的溢出效应，分别使区域经济差距扩大0.043和0.060个单位［FE（6）］。最后，验证了2000年以后西部大开发政策对区域经济差距有显著的负向影响，可以说明2000年以后的西部大开发政策对西部地区的扶助促进了区域经济差距的收敛，而2008年以后政府对西部地区的投资政策对区域经济差距有显著的正向影响，可以说明2008年以后的政府投资政策对西部地区的扶助没有达到预期效果，反而扩大了区域经济差距［FE（7）］。

第二，首先，1990—2016年，东部地区除自身外其他省份的人均实际GDP每增加1个单位，对东部地区所带来的溢出效应，促使区域经济差距缩小0.043个单位［FE（8）］，而东部地区的人均实际GDP每增加1个单位，对中部地区和西部地区的溢出效应，分别使区域经济差距扩大0.036和0.044个单位［FE（9）］。其次，2000—2016年，东部地区除自身外其他省份的人均实际GDP每增加1个单位，对东部地区所带来的溢出效应，促使区域经济差距缩小0.032个单位［FE（10）］，而东部地区的人均实际GDP每增加1个单位，对中部地区和西部地区的溢出效应，分别使区域经济差距扩大0.027和0.032个单位［FE（11）］。同样，2008—2016年，东部地区除自身外其他省份的人均实际GDP每增加1个单位，对东部地区所带来的溢出效应，促使区域经济差距缩小0.056个单位［FE（12）］，而东部地区的人均实际GDP每增加1

个单位，对中部地区和西部地区的溢出效应，分别使区域经济差距扩大 0.044 和 0.061 个单位 [FE (13)]。最后，也同样验证了 2000 年以后西部大开政策对西部地区的扶助促进了区域经济差距的收敛，而 2008 年以后的政府投资政策对西部地区的扶助扩大了区域经济差距 [FE (14)]。

综上所述，结合时间分界点考察经济溢出效应对区域经济差距的影响得到了以下结论。

第一，衡量经济溢出效应对区域经济差距的影响时，东部地区除自身外其他省份的经济增长对东部地区的溢出效应，促进了区域经济差距的收敛，而东部地区的经济增长对中西部地区的溢出效应都扩大了区域经济差距。东部地区的省份多为经济发达区域，以第三产业中的高技术密集型产业为基础，大力发展服务业，优越的地理区位优势有利于吸引外资，扩大了市场开放度，由此带来的规模经济效应又吸引了更多的人才和企业进一步集聚，因此东部地区的经济溢出效应对于东部地区内部的区域经济差距的收敛起到了积极作用。相比之下，东部地区各省份的经济增长对中西部地区的溢出效应，并没有如预期带动中西部地区的经济发展，反而使东中西三大区域之间的经济差距趋于扩大化。

第二，2000 年以后的政策效应超过了东部地区的经济溢出效应对区域经济差距的影响，可以看出 2000 年以后的西部大开发政策的实施对区域经济差距的收敛发挥了积极的作用。政府通过实物资本和基础设施建设的投入，强化了投资驱动机制，缩小了西部地区与东中部地区的基础设施水平的差距，进而缩小了西部与东中部的区域经济差距。从经济溢出效应来看，2000 年以后，东部地区的经济增长对中西部地区的经济溢出效应并没有显著地增加，没有进一步扩大东中西部三大区域的经济差距，间接说明政府政策的强势效应弱化了东部地区的经济溢出效应。

第三，2008年以后的东部地区的经济溢出效应掩盖了政策效应对区域经济差距的影响。2008年以后政府对西部地区的投资政策虽然在一定程度上缓解了世界金融危机的负面作用，但没有从本质上改变西部地区的粗放型经济增长方式，也未强化以人力资本为代表的无形资本投入，单纯依赖实物资本的投入对经济增长的带动作用已渐趋疲软，因此对西部地区的政策效应不但没有缩小西部与东中部地区的经济差距，反而扩大了区域经济差距。从经济溢出效应来看，在2008年世界金融危机的外力冲击之下，东部地区各省的经济增长受到了外部环境的强烈影响，使整个东部地区内部的经济差距趋于收敛，但其对中西部的经济溢出效应使东中西部三大区域间的经济差距有了明显扩大。

五 结论与启示

本节在总结区域经济发展趋势和影响因素的经验研究基础上，基于1990—2016年中国31个省份的面板数据建立计量模型，实证分析区域经济差距的影响因素，并结合2000年和2008年的两个时间分界点，验证东部地区经济增长的溢出效应对区域经济差距的影响效果，得出以下结论：

第一，通过面板数据模型对区域经济差距影响因素的分析，首先在缩小区域经济差距的方面，主要受到人力资本水平、产业结构、市场开放度、财政支出的影响。其次在扩大区域经济差距的方面，主要受到城市化水平、劳动力资本、物质资本存量、第二产业发展的影响。

第二，基于面板数据模型对区域经济差距溢出效应的分析，首先，从经济溢出效应对区域经济差距的影响效果来看，可以发现东部地区除自身外，其他省份的经济增长对东部地区的溢出效应，促进了区域经济差距的收敛，而东部地区的经济增长对中西部地区的溢出效应扩大了区域经济差距。其次，以 2000 年和 2008 年为时间分界点，可以看出 2000 年以后西部大开发战略的实施促进了区域经济差距的收敛，其政策效应超过了东部地区的经济溢出效应对区域经济差距的影响；而 2008 年以后政府对西部地区的政策扶助扩大了区域经济差距，东部地区的经济溢出效应掩盖了政策效应对区域经济差距的影响。

东部地区的省份多为经济发达区域，以第三产业中的高技术密集型产业为基础，大力发展服务业，优越的地理区位优势有利于吸引外资，扩大了市场开放度，由此带来的规模经济效应又吸引了更多的人才和企业进一步集聚。因此，不应该一味地依靠政府的政策倾斜和投资驱动机制来带动中西部地区经济增长，中西部应该多依靠自身的比较优势，发展与本地自然地理条件和经济环境相适应的产业；也不应过多期待依靠东部地区各省份的经济增长带动中西部地区的经济发展。东部地区经济发达省份或大城市应该适度适时地放开人口控制政策，为来自中西部地区的外来务工人员提供更多就业机会，满足其住房需求和公共服务需要，提高居民的人均收入水平，最终实现区域经济"在集聚中走向平衡"的发展目标[①]。

---

① 陆铭：《城市、区域和国家发展——空间政治经济学的现在与未来》，《经济学》（季刊）2017 年第 4 期。

第 五 章

山东省收入差距的现状*

第一节 山东省的区域差距

在第四章中,将全国划分为三大区域和四大区域。对于山东省的区域划分,主要是按照经济发展、地理位置、区域发展政策的影响,使用"东、中、西"三分法①。东部地区包括青岛、烟台、威海、东营、潍坊、日照、淄博、济南8个地级市;中部地区包括:枣庄、济宁、泰安、莱芜4个地级市;西部地区包括临沂、德州、滨州、聊城、菏泽5个地级市。

根据表5—1,2018年山东省人均名义GDP为77665元,而东部地区是106732元,比全省平均值要高,其次是中部地区,最低的是西部地区。从人均名义GDP来看,中部和西部地区的总和约与东部地区相等,而从名义GDP来看,东部地区名义GDP分别约是中部地区和西部地区的4.08倍和2.88倍。

---

* 本章是基于以下的论文翻译修改而成。王娜:《中国改革开放以降的所得格差的研究——山东省を例にして》,修士学位论文,中央大学,2009年。

① 于文浩:《中国の地域経済格差と地域開発政策に関する研究——実証研究と政策研究を中心に》,博士学位论文,中央大学,2009年。

表5—1 2018年山东省各区域的名义GDP （单位:%）

经济指标	山东	东部	中部	西部
人均名义GDP（元）	77665（100）	106732（137.4）	62110（80.0）	48300（62.2）
名义GDP（亿元）	77872（100）	48912（62.8）	11990（15.4）	16970（21.8）
人口（万人）	10027（100）	4583（45.7）	1931（19.3）	3513（35.0）

注：这里使用的名义GDP是每个地级市名义GDP的总和，而人均名义GDP是各地级市的名义GDP除以各市人口的值。该数据与《山东统计年鉴2019》中的数据略有差异。

资料来源：根据山东省统计局、国家统计局调查山东省调查总队编《山东统计年鉴2019》整理计算得出。

一 基于人均名义GDP的区域差距

首先，考察山东省三大区域17个地级市间的差距。图5—1显示了1978年以后山东省东部与中部、东部与西部的人均GDP比率。总体来看，东部与中部、东部与西部的人均名义GDP差距呈现出大致相同的趋势。即呈现从1978年到1983年前后逐渐缩小，又从1984年至1994年前后逐渐扩大，之后逐渐缩小的趋势。而且东部与西部地区差距高于东部与中部地区差距。另外，东部与中部地区差距的最大值为1994年的2.0倍，而东部与西部地区差距的最大值为1993年的2.9倍。

其次，再来考察17个地级市的人均名义GDP差距。如图5—2中的图a所示，直至1995年，全省17个地级市的人均名义GDP变异系数和最大最小比值均呈现出基本相同的变化趋势。地级市间差距从1978年至1990年呈现反复下降后上升的趋势，并于1991年后再次上升，直至2005年后再次下降。由于省内东营市的人均GDP较高，容易影响整体的变化趋势，因此将其除去后再进行考察。从图5—2中的图b来看，除东营市以外的16个地级市基于人均名义GDP的变异系数和最大最小比值的差距从1983年开始逐渐扩大至2003年，之后开始逐渐缩小，于2013年后再次出现扩大趋势。

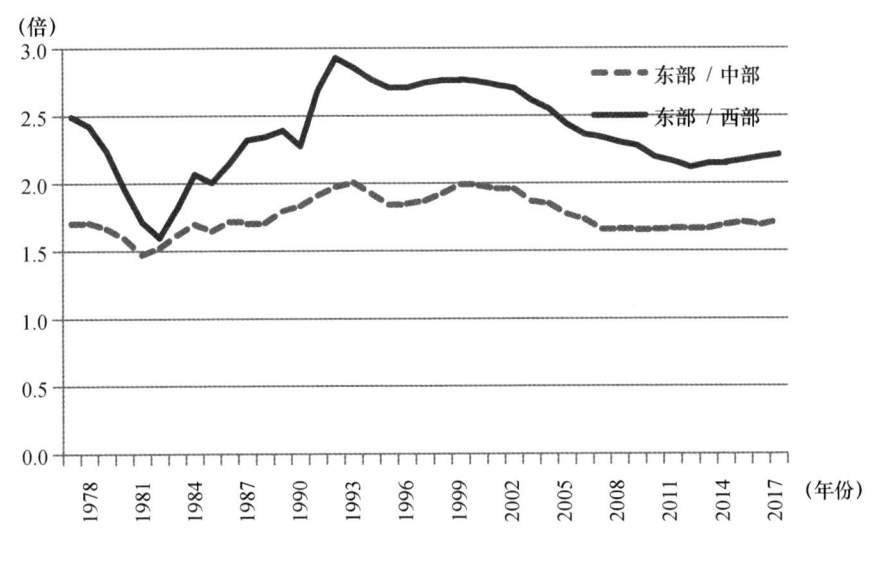

图 5—1　山东省三大区域人均名义 GDP 的比率（1978—2018）

资料来源：1978—2008 年数据来自山东省统计局编《辉煌山东 60 年》；2009—2018 年数据来自山东统计局、国家统计局山东调查总队编《山东统计年鉴各年度版》。

二　基于泰尔指数的区域差距

如图 5—3 所示，衡量了 1978—2018 年山东省的泰尔指数、三大区域组间和三大区域组内的泰尔指数。从整体来看，全体与三大区域间的泰尔指数均不断扩大和缩小，呈现出大致相同的变化趋势。自 1986 年以后，区域组间差距超过了区域组内差距。从全体的泰尔指数来看，区域差距在 1978—1983 年逐渐缩小后，一直扩大到 1993 年，自 1994 年开始再次呈现缩小后扩大趋势，并于 2000 以后再次呈现缩小趋势。而从三大区域组间的泰尔指数来看，区域组间差距同样从 1978 年至 1983 年逐渐缩小，之后从 1984 年至 1994 年转为扩大，此后又呈现缩小趋势，并于 1997 年开始再次呈现扩大后缩小的趋势；从三大区域组内的泰尔指数来看，自 1985 年开始逐渐缩小，1991 年开始逐渐扩大至 2006 年，之后呈现缩小趋势。

a. 山东省17个地级市数据

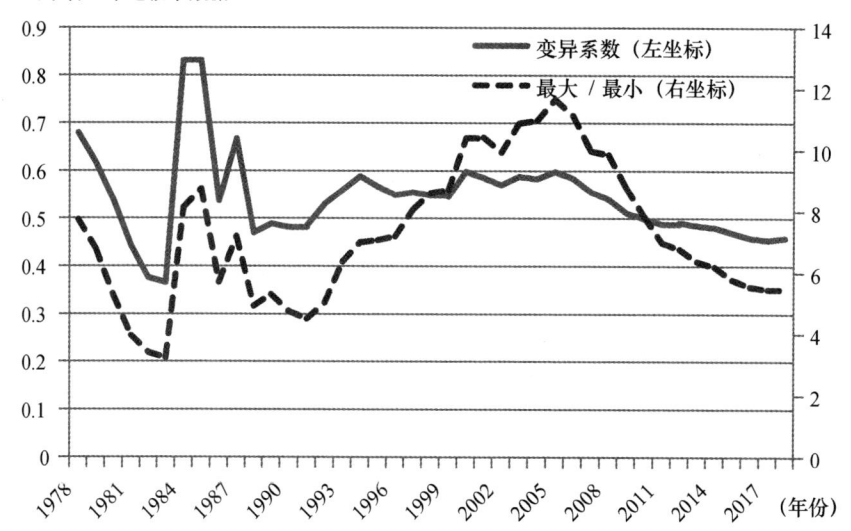

b. 东营市除外的16个地级市数据

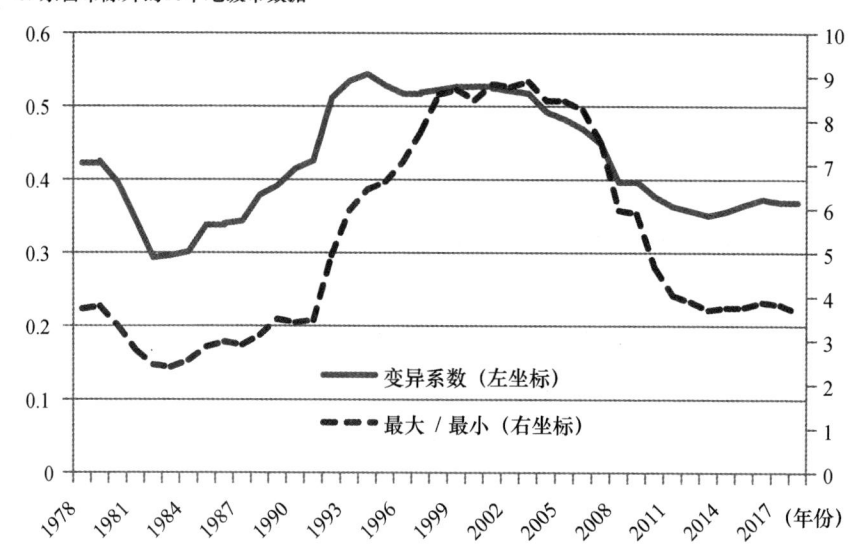

图 5—2　山东省各地级市人均名义 GDP 差距：变异系数和最大最小比值（1978—2018）

说明：变异系数是没有进行人口加权计算出来的。最大最小比值是指17个地级市人均名义 GDP 最大值和最小值的比值。

资料来源：同图 5—1。

另外，1978年以后，全国、区域组间和区域组内泰尔指数的最大值分别为2000年的0.149、1993年的0.107和1984年的0.078，最小值分别为1983年的0.052、1983年的0.025和1991年的0.021。

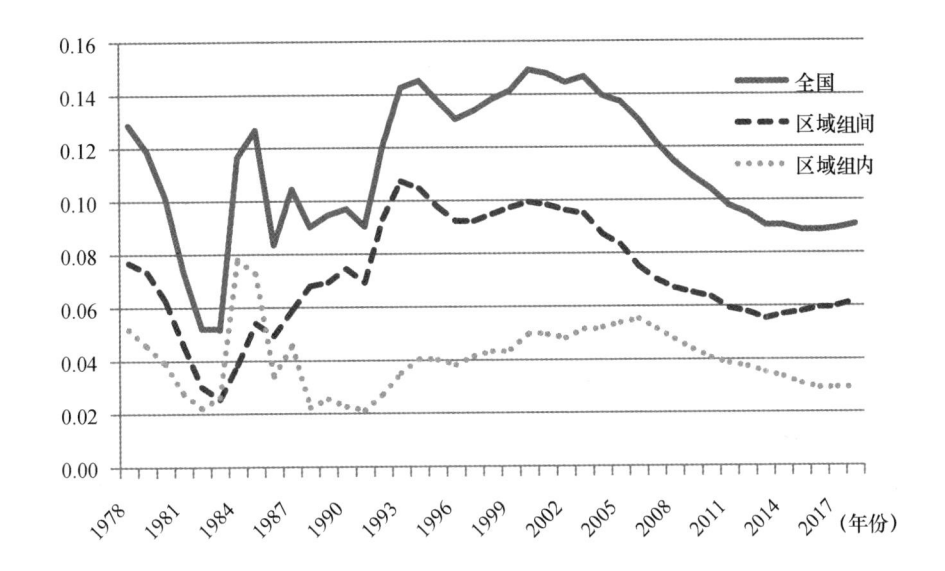

图5—3　山东省三大区域差距：泰尔指数（1978—2018）

资料来源：同图5—1。

如图5—4的区域组内泰尔指数所示，2018年的区域组内差距由大到小依次为东部、西部和中部。从1978年至1988年，东部内部差距不断扩大和缩小，1984年一度达到最高值0.124，自1989年至2006年呈上升趋势，之后基本呈缩小趋势；从西部地区内部差距来看，1978—2006年基本是先呈现扩大趋势，后呈现缩小趋势；而中部地区内部差距几乎没有太大的变化。

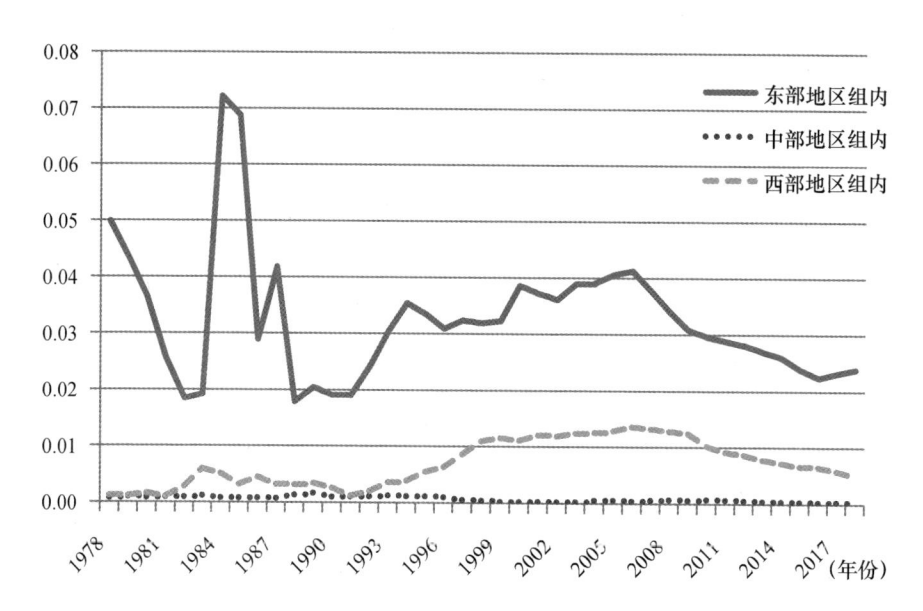

图5—4　山东省三大区域内差距：泰尔指数（1978—2018）

资料来源：同图5—1。

三　产业结构的区域差距

根据配第—克拉克定理①，随着经济的发展，产业结构的重心从第一产业（农、林、牧、渔业等）过渡到第二产业（制造业、建筑业、采矿业等），之后转移到第三产业（通信业、商业、金融业、交通运输业和服务业等）。而山东省的产业是否按照该趋势发展呢？这一部分内容主要考察省内三大产业以及三大地区的产业结构。

（一）省内产业结构的转移

表5—2表示山东省三大产业的地区生产总值的构成比。山东省历来以农业闻名全国，自改革开放以来，产业结构的重心逐渐由农业向工业、服务业转移。特别是自20世纪90年代开始，第三产

---

① 在一个国家的经济发展中，随着人均国民收入水平的提高，第一产业国民收入和劳动力的相对比重逐渐下降，第二产业国民收入和劳动力的相对比重上升，随着经济进一步发展，第三产业国民收入和劳动力的相对比重也开始上升。配第—克拉克定理也反映了产业结构变动的经济规律。

业发展迅速①，1978 年全省的产业构成比 33.3∶52.9∶13.8，而在 2018 年变为 6.5∶44.0∶49.5。

表 5—2　　　　　　　山东省三大产业构成比　　　　（单位：%）

年份	第一产业	第二产业	第三产业
1978	33.3	52.9	13.8
1980	36.4	50.0	13.6
1985	34.7	43.0	22.3
1990	28.1	42.1	29.8
1995	20.4	47.6	32.0
2000	15.2	50.0	34.8
2005	10.6	57.3	32.1
2010	8.9	54.7	36.4
2011	8.5	53.5	38.0
2012	8.3	52.1	39.6
2013	8.0	50.3	41.7
2014	7.8	49.1	43.1
2015	7.7	47.5	44.8
2016	7.1	46.1	46.8
2017	6.7	45.3	48.0
2018	6.5	44.0	49.5

注：①根据 2002 年国民经济行业分类（新行业分类），自 2005 年开始，农林牧渔服务行业由第三产业转移到了第一产业。

②第一产业：农林牧渔业（农、林、牧、渔业以及农林牧渔服务业）

第二产业：工业（采矿业、制造业、电力燃气及水的生产和供应业）和建筑业

第三产业：除第一、第二产业以外的产业（交通运输、仓储和邮政业，信息传输、软件和信息技术服务业，批发和零售业，住宿和餐饮业，金融业，房地产业，租赁和商务服务业，科学研究和技术服务业，水利、环境和公共设施管理业，居民服务、修理和其他服务业，教育，卫生和社会工作，文化、体育和娱乐业，公共管理、社会保障和社会组织业）

资料来源：根据山东省统计局、国家统计局山东调查总队编《山东统计年鉴 2019》整理计算得出。

---

① 与第二产业相比，第三产业的行业多种多样，本来应该对第三产业的各行业发展进行详细描述，但在本书中，不详细讨论各个行业的发展。

这四十年来，三大产业发展迅速。其中，第一产业的增加值从1978年的75.1亿元增加到2018年的4950.5亿元，年均增长率为11.0%，近年第一产业增速放缓。第二产业的增加值年均增长率为15.2%，虽然在1980—2000年比重一度跌破50%，但一直占据主导地位。而第三产业的增加值在1990年超过第一产业，并在2016年首次超过第二产业，创下年均19.4%的高增长率（见表5—2）。

改革开放以来，由于实行家庭联产承包责任制，不仅农业生产效率得到了提高，而且农产品产量也得到了大幅度增加。在2008年，粮食产量居全国第二位，水果、蔬菜、畜牧产品、渔业产品产量居全国首位。农、林、牧、渔业产量以年均5.3%的速度增长，2008年达到5613亿元，约为是1978年的55倍，居全国首位。第二产业中，工业得到快速发展，具有一定规模的工业企业数①从1978年的15345家增加到2008年的4.3万家，总产值年均增长率为15.9%，2008年达到62959亿元，约为1978年的212倍。特别是近年来制造业的发展引人注目，其增加值占一定规模工业的86.3%。另外，为了优化产业结构，山东省致力于发展金融保险业、房地产业、通信业等新兴产业，其增加值从1978年的31亿元增加到2008年的10367亿元，2008年约为1978年的334倍，在三大产业中增长率最快②。

（二）省内三大地区产业结构的变化

从省内三大地区产业结构的发展趋势来看，如表5—3所示，三大地区均在向产业结构高度化③（Industrial structure supererogation）发展。

---

① 一定规模的工业企业是指营业收入在500万元以上的工业企业法人。
② 根据国家统计局编《新中国60年》。
③ 产业结构高度化也称产业结构高级化，指产业重点或产业结构重心由第一产业占优势比重向第二产业和第三产业占优势比重演进，是建立和实现高效益的产业结构的过程。

表5—3　　　　　　　山东省三大地区产业结构的变化　　　　　　单位：%

年份	东部			中部			西部		
	第一	第二	第三	第一	第二	第三	第一	第二	第三
1978	29.2	52.9	17.9	45.3	38.2	16.6	59.5	18.2	22.4
1980	29.8	51.9	18.4	44.2	38.6	17.1	60.4	18.7	20.9
1985	29.3	50.4	20.3	44.2	34.9	20.9	59.6	19.5	20.9
1990	25.8	48.3	25.9	32.8	41.8	25.4	49.7	27.9	22.4
1995	19.8	49.8	30.4	26.6	44.3	29.1	39.9	36.0	24.2
2000	13.1	51.7	35.2	18.7	45.9	35.4	28.0	42.6	29.4
2005	8.1	58.3	33.6	12.1	58.0	29.9	17.4	54.1	28.6
2010	6.4	54.8	38.9	10.3	55.4	34.2	12.7	53.5	33.8
2011	6.1	53.8	40.1	9.9	54.6	35.4	11.6	53.4	35.0
2012	5.9	52.7	41.3	9.7	53.5	36.8	11.0	52.6	36.4
2013	5.8	50.8	43.4	9.7	51.0	39.3	10.6	51.2	38.3
2014	5.7	49.6	44.8	9.4	50.1	40.5	10.5	50.0	39.5
2015	5.6	48.0	46.5	9.4	48.4	42.2	10.3	49.0	40.7
2016	5.4	46.8	47.8	9.1	47.3	43.6	9.8	47.9	42.3
2017	5.1	45.9	49.0	8.4	47.7	43.9	9.3	47.6	43.1
2018	4.9	45.3	49.8	8.3	47.0	44.7	9.0	46.8	44.1

注：根据2002年国民经济行业分类（新行业分类），自2005年开始，农林牧渔服务行业由第三产业转移到了第一产业。

资料来源：同图5—1。

首先，在三大地区，非农业化同时进行，第二产业处于主导地位。在东部地区，1978年的产业构成比分别为29.2∶52.9∶17.9，2018年变为4.9∶45.3∶49.8，第一产业和第二产业分别下降了24.3个百分点和7.6个百分点，而第三产业上升了31.9个百分点。相比之下，在中部地区，第一产业了下降了37.0个百分点，第二产业和第三产业分别上升了8.8个百分点和28.1个百分点。而在西部地区，第一产业下降了50.5个百分点，第二产业和第三产业分别上升了 28.6 个百分点和 21.7 个百分点。

其次，在 1978—2018 年，三大地区的区域间产业差距逐步缩小。在东部地区，第二产业一直维持着较高比重。在西部地区，第一产业的下降和第二产业的上升最为明显，对比其他地区，西部地区的第一产业占三大地区的比重相对较高，而第三产业相对落后。

（三）省内三大地区产业特化系数的变化

图5—5 至图5—7，显示了按产业区分的三大地区的产业特化系数（Industrial specialization coefficient）的变化趋势。

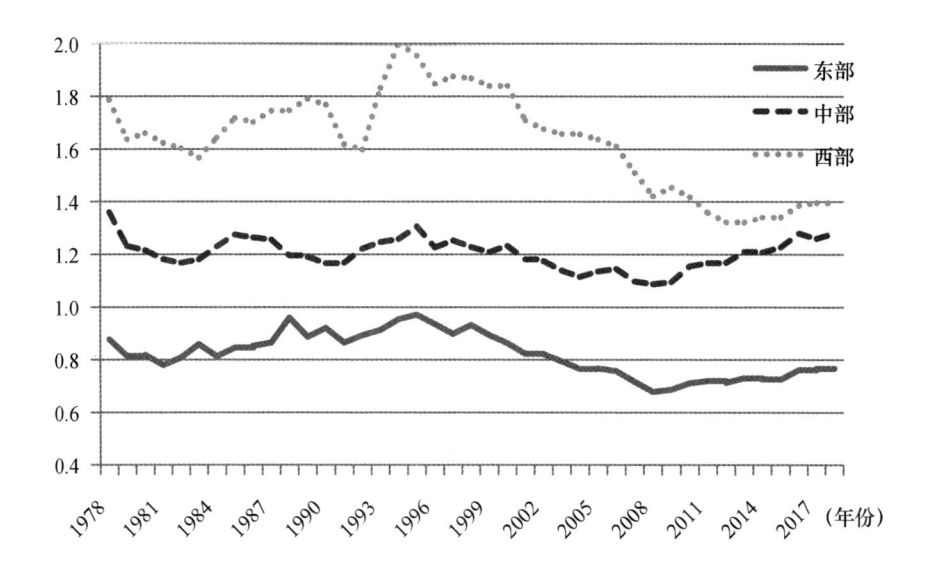

图5—5　山东省三大地区第一产业的特化系数（1978—2018）

注明：特化系数表示在区域分析中，产业结构的偏向性指标。这里采用了地区各产业构成比和全省构成比的比值。特化系数越大，该产业的专业化程度越高。假设全省为1，东部地区第一产业的特化系数＝东部第一产业的构成比/山东省第一产业的构成比，其他产业也相同。

资料来源：同图5—1。

如图5—5 所示，从第一产业来看，西部地区的产业特化系数最高，超过全省平均水平。而东部地区的产业特化系数最低，低于

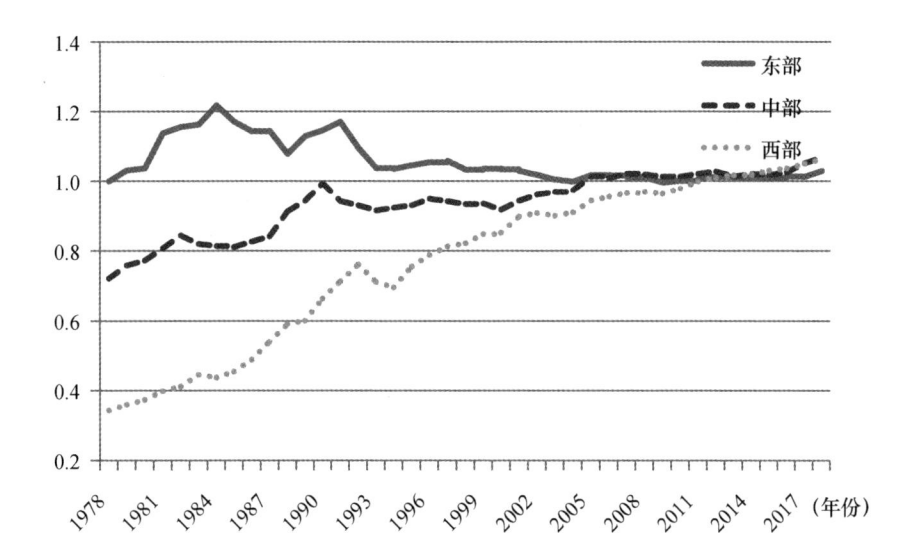

图 5—6　山东省三大地区第二产业的特化系数（1978—2018）

资料来源：同图5—1。

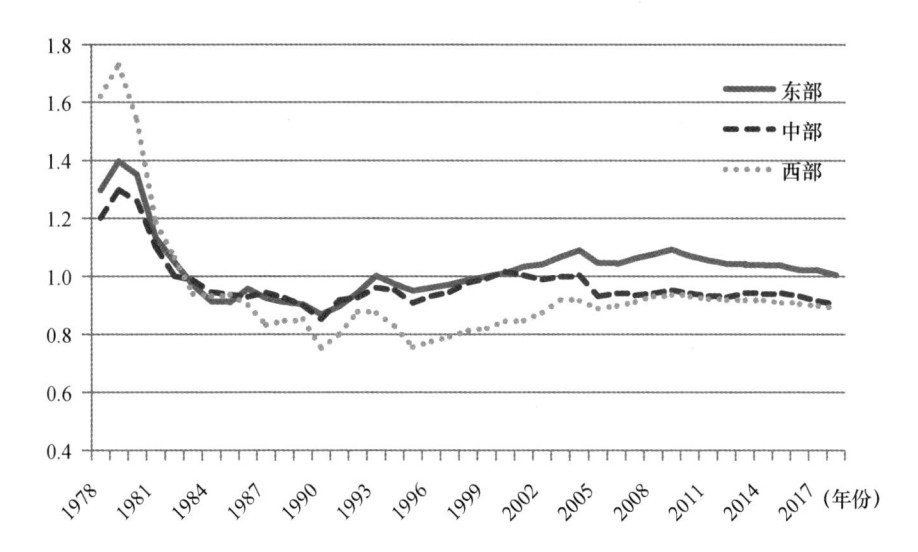

图 5—7　山东省三大地区第三产业的特化系数（1978—2018）

资料来源：同图5—1。

全省平均水平。也就是说，在西部地区，可以看出产业结构偏重于第一产业。如图5—6所示，从第二产业来看，东部地区的特化系数一直处于全省的平均水平之上，中部和西部地区的特化系数持续上升，特别是中部地区的特化系数从2005开始超过全省的平均水平，2007年以后更是超过了东部。近年来中部和西部特化系数也已逼近全省的平均水平。如图5—7所示，从第三产业来看，近年来东部地区特化系数一直位于最高值，而且高于全省平均水平。而中部和西部地区的特化系数从20世纪90年代开始呈上升趋势，但尚未超过全省平均水平。

综上所述，可以总结出第一产业偏向西部，第二产业偏向东部和中部，第三产业偏向东部的结论，因此，可以看出东部和中部的产业结构更为高度化。

第二节　山东省的城乡差距

一　山东省城乡居民收入差距

（一）城乡恩格尔系数和相对收入差距

恩格尔系数（Engel's coefficient）作为反映生活水平的指标之一，衡量了食品支出总额占个人消费支出总额的比重，随着家庭收入的增加，家庭收入中用来购买食品的支出比例会下降。如图5—8所示，在1981—1983年和1986—1989年，山东省城市居民的恩格尔系数高于农村居民。特别是，城市居民恩格尔系数在1983年达到最高值59.9%，而农村居民恩格尔系数在1994年达到最高值57.9%之后，两者都呈现持续下降趋势。近年来，两者均下降至30%以下，但恩格尔系数显示的城乡收入水平差距仍然较为明显，农村家庭收入中的食品支出比例仍然高于城市家庭。

具体从省内城市家庭和农村家庭人均收入来看，1978年城市家庭人均可支配收入和农民家庭人均纯收入分别为391元和115元，2018年分别增加至39549元和16297元，年平均增长率为12.2%和13.2%。在1988年和1994年，城乡家庭人均收入分别超过1000元，并分别于2005年和2013年，城乡家庭人均收入首次突破1万元大关，实现了巨大的飞跃。

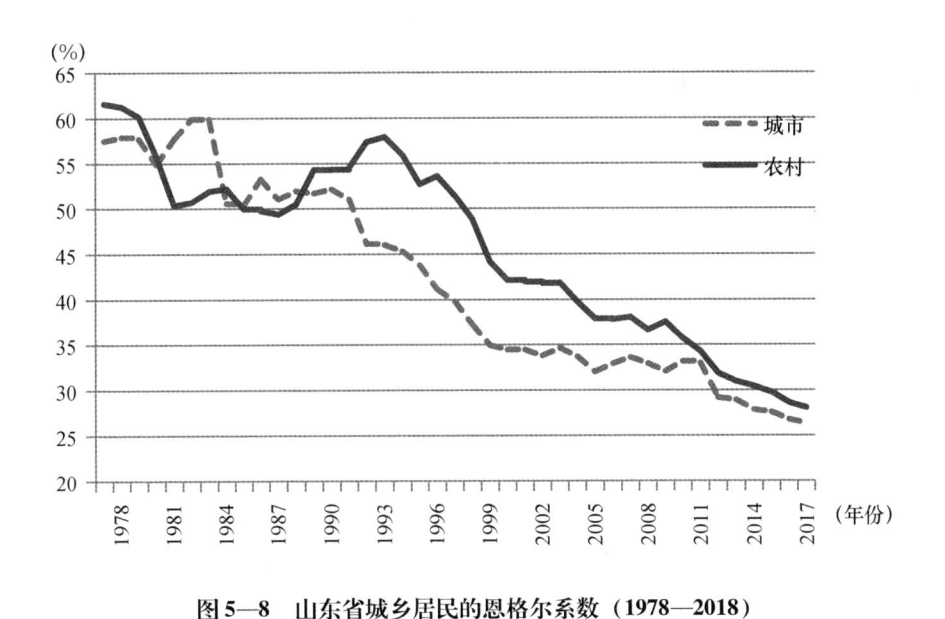

图5—8 山东省城乡居民的恩格尔系数（1978—2018）

资料来源：根据山东统计局、国家统计局山东调查总队编《山东统计年鉴2019》整理计算得出。

如图5—9所示，从收入比率来看，城乡人均收入相对差距从1978年起至1983年缩小后，直至1993年呈扩大趋势，之后再次缩小后扩大，2009年开始呈现逐渐缩小的趋势。收入比率的最大值为1978年的3.42，最小值为1983年的1.49。从整体动向来看，收入比率从1983年的1.49上升至2009年的2.91，2009年以后持续下降至2018年的2.43。总体来看，山东省的城乡收入相对差距呈现长期扩大的趋势，但近年略有缩小。

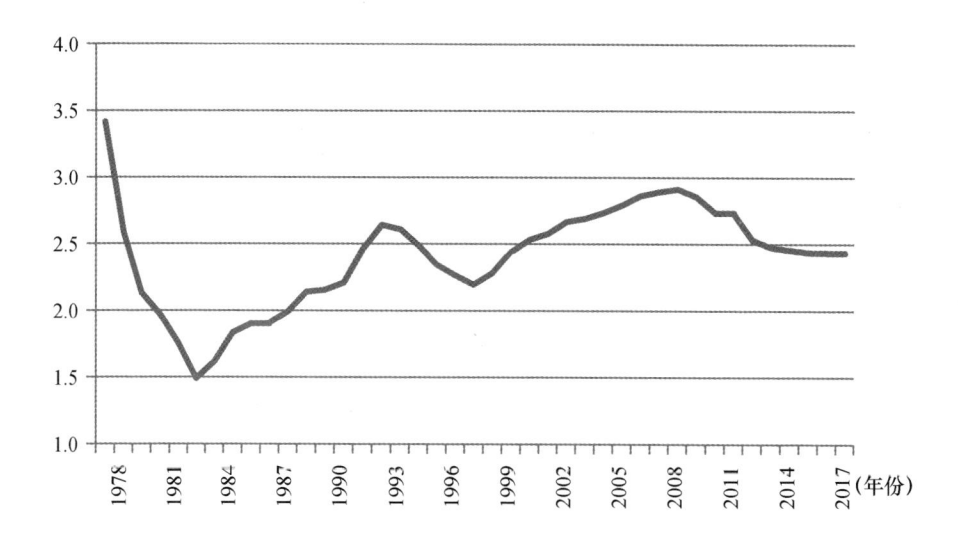

图5—9 山东省城乡居民人均收入比率（1978—2018）

说明：收入比率＝城市居民人均可支配收入÷农村居民人均纯收入

资料来源：同图5—8。

（二）基于收入来源分类的城乡收入差距

从收入分类来看城乡收入差距，城乡居民家庭平均收入主要分为工资性收入、经营净收入、财产净收入和转移净收入四类。从表5—4和表5—5可以看出以下两点：

第一，对于城市居民而言，工资性收入是主要的收入来源。截至2012年，转移净收入仅次于工资性收入占比，而在2014年以后经营净收入占比超过了转移净收入。2018年工资性收入和经营净收入比重分别为63.3%和14.1%，两者合计占城市居民平均收入的77.4%。与之相比，农村居民的主要收入来源是工资性收入和经营净收入，2018年构成比分别为40.2%和44.1%，两者合计占农村居民平均收入的84.3%。

第二，城市居民工资性收入和经营净收入增长较快，1989—2018年，前者从1092元增加到25041元，后者从6元增加到5584

元,合计增加额为29527元,增加了约26.9倍。与之相比,农村居民工资性收入和经营净收入的增幅也较大,前者由161元增加到6550元,后者由444元增加到7194元,合计增加额为13139元,增加了约21.7倍。

表5—4　　山东省城市居民家庭人均可支配收入来源分类及占比　　单位:元/%

年份	可支配收入	工资性收入		经营净收入		财产净收入		转移净收入	
		净收入	比重	净收入	比重	净收入	比重	净收入	比重
1989	1349	1092	81.3	6	0.4	12	0.9	234	17.4
1995	4264	3651	85.7	10	0.2	67	1.6	532	12.5
2000	6490	5561	85.3	74	1.1	113	1.7	769	11.8
2005	10745	9027	77.8	492	4.2	152	1.3	1937	16.7
2010	19946	15731	72.4	1704	7.8	490	2.3	3812	17.5
2011	22792	17629	70.8	2295	9.2	616	2.5	4350	17.5
2012	25755	19856	70.9	2621	9.4	705	2.5	4823	17.2
2013	26882	17427	64.8	3653	13.6	2137	7.9	3666	13.6
2014	29222	18866	64.6	4036	13.8	2271	7.8	4049	13.9
2015	31545	20386	64.6	4375	13.9	2476	7.8	4309	13.7
2016	34012	21812	64.1	4778	14.0	2740	8.1	4681	13.8
2017	36789	23431	63.7	5194	14.1	3034	8.2	5131	13.9
2018	39549	25041	63.3	5584	14.1	3337	8.4	5588	14.1

资料来源:1989—2008年数据来自山东省统计局编《辉煌山东60年》;2009—2018年数据来自山东统计局、国家统计局山东调查总队编《山东统计年鉴各年度版》。

表5—5　　山东省农村居民家庭人均纯收入来源分类及占比　　单位:元/%

年份	纯收入	工资性收入		经营净收入		财产净收入		转移净收入	
		净收入	比重	净收入	比重	净收入	比重	净收入	比重
1989	631	161	25.6	444	70.3	9	1.5	17	2.6
1995	1715	409	23.8	1231	71.7	29	1.7	47	2.7
2000	2659	851	31.7	1677	62.5	58	2.2	99	3.7
2005	3931	1438	36.6	2258	57.4	103	2.6	132	3.4

续表

年份	纯收入	工资性收入		经营净收入		财产净收入		转移净收入	
		净收入	比重	净收入	比重	净收入	比重	净收入	比重
2010	6990	2958	42.3	3457	49.5	238	3.4	337	4.8
2011	8342	3715	44.5	3935	47.2	246	3.0	445	5.3
2012	9446	4383	46.4	4234	44.8	257	2.7	572	6.1
2013	10687	4189	39.2	4979	46.6	242	2.3	1276	11.9
2014	11882	4713	39.7	5431	45.7	287	2.4	1451	12.2
2015	12930	5140	39.7	5856	45.3	326	2.5	1608	12.4
2016	13954	5569	39.9	6267	44.9	359	2.6	1760	12.6
2017	15118	6069	40.1	6730	44.5	391	2.6	1928	12.8
2018	16297	6550	40.2	7194	44.1	429	2.6	2124	13.0

资料来源：同表5—4。

（三）城市收入阶层差距

再来考察省内城市收入阶层的差距。《山东统计年鉴》抽样调查的数据中公开了省内城市家庭按照七等份分组的分配状况。

如表5—6和表5—7所示，以各收入阶层的比重、基尼系数为指标，考察2000—2009年城市内部居民收入差距的现状。如表5—6所示，从城市各收入阶层的比重来看，自2000年起高收入阶层及以上（包括最高收入和高收入阶层）一直占全体收入阶层的50%左右，低收入阶层及以下（包括最低收入和低收入阶层）均低于全体收入阶层的15%。由此可见，高收入阶层和低收入阶层之间的差距很大。由表5—7所示的基尼系数来看，2000—2009年，各阶层之间的收入差距呈现先扩大后缩小的趋势，但从最高、最低收入阶层间的平均收入比率来看，除了2000年和2001年之外，高收入阶层和低收入阶层的收入差距都较大。

表 5—6　　　　　山东省城市居民家庭收入阶层占比

年份	最低收入 10%	低收入 10%	较低收入 20%	中间收入 20%	较高收入 20%	高收入 10%	最高收入 10%
2000	6.1	8.4	10.4	13.1	16.1	19.8	26.0
2001	5.8	8.0	10.1	12.8	16.0	20.0	27.3
2002	3.7	6.4	8.7	11.6	15.2	20.2	34.3
2003	5.1	7.0	9.1	11.8	15.5	20.2	31.1
2004	4.8	6.9	9.0	11.8	15.8	20.7	31.1
2005	4.5	6.5	8.6	11.6	15.8	21.0	32.0
2006	4.5	6.7	8.8	11.9	16.1	21.0	31.1
2007	4.3	6.5	8.8	11.8	15.9	20.9	31.8
2008	4.5	6.7	8.9	11.9	15.7	20.9	31.3
2009	4.4	6.7	9.0	12.0	16.0	20.5	31.4

注：表中收入数据均使用家庭人均现金收入。

资料来源：根据山东统计局、国家统计局山东调查总队编《山东统计年鉴各年度版》整理计算得出。

表 5—7　　　山东省城市居民各阶层收入差距和最高、
　　　　　　　最低收入阶层间的收入比

年份	基尼系数	最高10% ÷ 最低10%
2000	0.604	4.27
2001	0.614	4.67
2002	0.669	9.36
2003	0.643	6.12
2004	0.647	6.46
2005	0.657	7.14
2006	0.652	6.99
2007	0.337	7.36
2008	0.331	6.93
2009	0.330	7.17

资料来源：同表 5—6。

二　山东省地级市内城乡居民收入差距

《山东统计年鉴2018》的数据显示，从总人口、城乡人口，以及面积和人口密度来看,总人口最多的地级市是临沂市,是人口最少的莱芜市的7.7倍。从常住人口数据来看,除了菏泽市,其他16个地级市的城市人口比例均高于农村人口。另外从人口密度来看,最高的是济南市,最低的是东营市。

(一)基于基尼系数和变异系数的城乡居民收入差距分析

由于无法获取1978—1999年的城市家庭人均可支配收入数据,因此只对1978—2018年各地级市的农村居民收入差距进行分析。如图5—10所示,各地级市农村居民人均纯收入的加权基尼系数、变异系数和最大最小值的变化趋势几乎一致。整体来看,除了基尼系数近年略有上升趋势之外,其他指标均为下降趋势,也就是说,

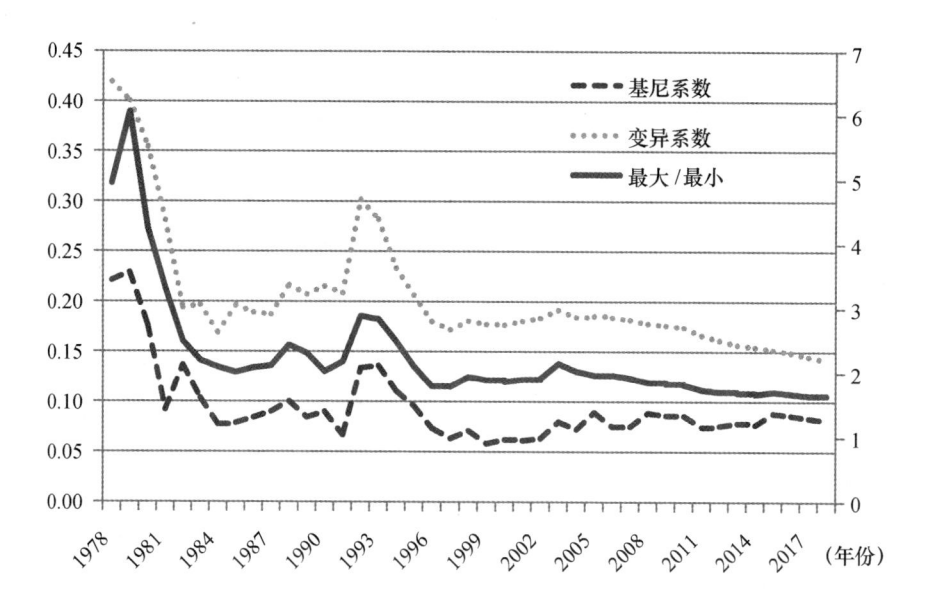

图5—10 山东省各地级市农村居民人均纯收入差距:基尼系数、变异系数和最大最小比值(1978—2018)

说明:基尼系数使用人口加权基尼系数,此处因无法获取地级市农村人口数据,使用各地级市人口进行加权计算得出。

资料来源:1978—1999年农村数据来自山东省统计局编《辉煌山东60年》;2000—2018年数据:山东统计局、国家统计局山东调查总队编《山东统计年鉴各年度版》。

农村居民人均收入差距总体呈缩小趋势。具体来看，农村居民人均收入差距在1980年前后快速缩小之后转为扩大，至1993年前后再次缩小并逐渐趋于稳定。

图5—11显示了2000年以后各地级市城市家庭和农村家庭的平均收入差距。在2000—2018年，城乡家庭平均收入加权基尼系数呈现相似的变化趋势，反复扩大和缩小，整体看来有扩大的倾向。城市家庭平均收入的基尼系数高于农村，即各地级市的城市家庭收入差距在该期间超过了农村家庭收入差距。特别是，各地级市城市家庭平均收入差距的扩大和缩小变化幅度稍显激烈，分别在2001—2004年、2006—2007年和2012—2014年缩小趋势较为明显；而2004—2006年、2007—2009年和2014—2015年的

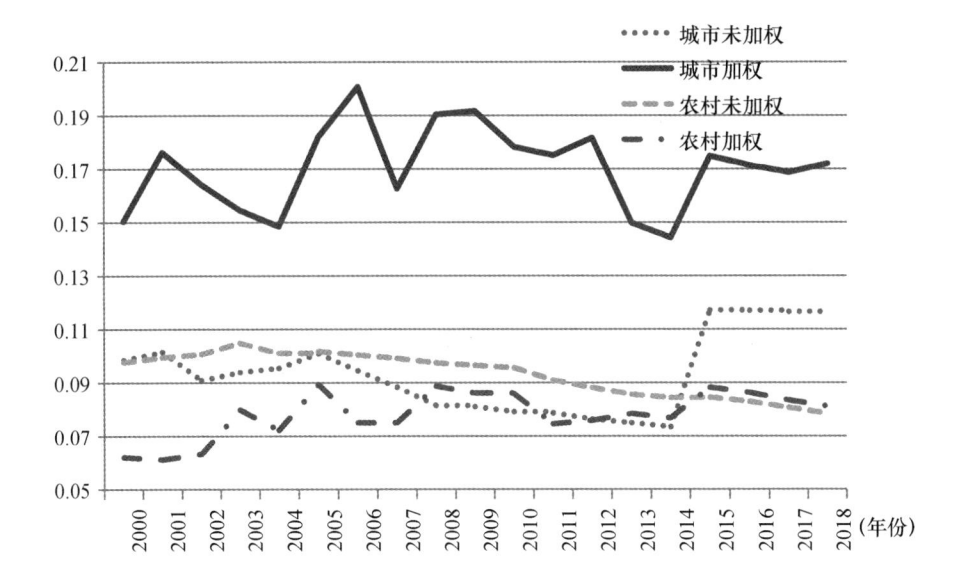

图5—11 山东省各地级市城乡居民平均收入差距：基尼系数（2000—2018）

说明：加权基尼系数是使用各地级市人口加权平均计算的。基尼加权中使用的人口权数是各地级市城市人口和农村人口在总人口中所占的比率；2013年之后由户籍人口改为常住人口。

资料来源：城市和农村人口数据：2000—2008年数据来自山东省统计局编《辉煌山东60年》；城市和农村收入数据：山东统计局、国家统计局山东调查总队编《山东统计年鉴各年度版》。

扩大趋势较明显。各地级市农村家庭平均收入差距截至2008年呈扩大趋势，之后有所缩小，2014年以后再次呈扩大趋势。从城乡家庭平均收入未加权基尼系数来看，截至2014年城市居民收入差距基本上呈现逐步缩小趋势，而2014年以后呈现急剧扩大的趋势，相比之下，农村居民收入差距基本上一直呈现缩小趋势。

另外，如图5—12和表5—8表示了基于变异系数和最大最小比值的各地级市城乡居民平均收入差距。可以看出，城市居民平均收入的变异系数和其最大最小比值呈现出几乎相同的缩小后又扩大的变化趋势，特别是在2014年以后出现了急剧扩大的趋势。而农村居民平均收入的变异系数和其最大与最小比值也几乎呈现相同的扩大后缩小的变化趋势，均从2003年以后呈缩小趋势。比较城乡居民平均收入的变异系数，可以看出2014年以前农村居民平均收

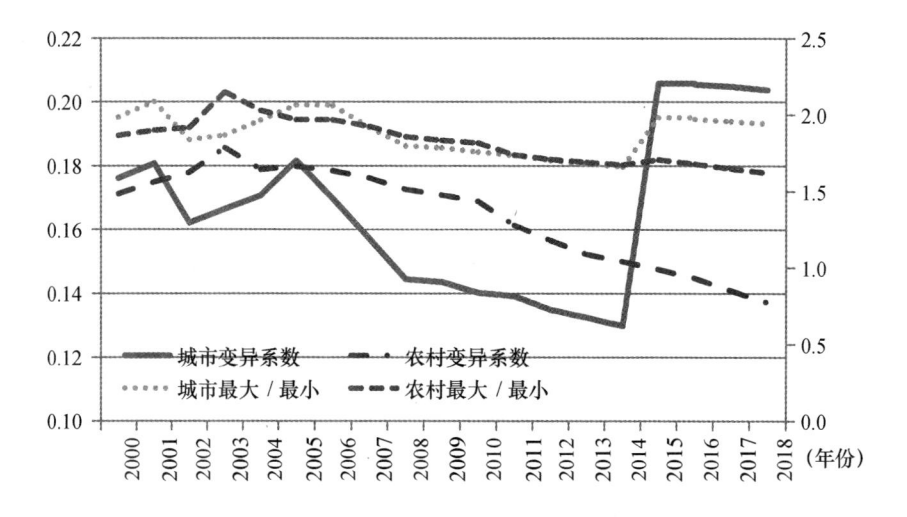

图5—12 山东省各地级市城乡居民平均收入差距：变异系数和最大最小比值（2000—2018）

资料来源：城市和农村人口数据：2000—2008年数据来自山东省统计局编《辉煌山东60年》；城市和农村收入数据：山东统计局、国家统计山东调查总队编《山东统计年鉴各年度版》。

入差距几乎高于城市,而在 2014 年以后城市居民平均收入差距反超过农村。与图 5—11 作比较可以发现,城乡居民收入差距的变异系数与城乡未加权基尼系数很相似,可能是由于未对人口加权产生的结果。

如图 5—13 和表 5—8 所示,再来考察各地级市城乡间收入差距(城市/农村＝城市家庭人均可支配收入÷农村家庭人均纯收入),城市和农村之间收入差距最大值(Max),中位值(Median)和最小值(Min)均呈现几乎相同的变化趋势。总体来看,各地级市城乡间收入差距在 2000 年以后趋于平稳,并略有扩大趋势,而在 2009 年之后转呈缩小趋势。

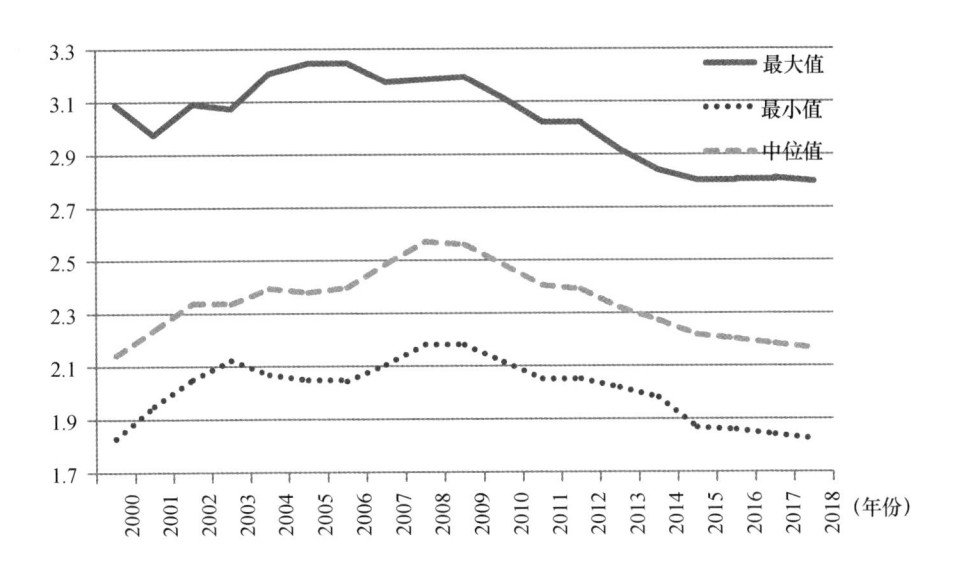

图 5—13　山东省地级市城乡间收入差距(2000—2018)

说明:城乡间收入差距(城市/农村)＝城市居民人均可支配收入÷农村居民人均纯收入。

资料来源:同图 5—11。

表5—8　　山东省17个地级市城乡居民家庭平均收入差距

年份	城市		农村		城乡间		
	变异系数	最大/最小	变异系数	最大/最小	最大值	最小值	中位值
2000	0.18	1.98	0.17	1.86	3.09	1.83	2.14
2001	0.18	2.08	0.17	1.90	2.97	1.95	2.24
2002	0.16	1.84	0.18	1.92	3.09	2.05	2.34
2003	0.17	1.87	0.19	2.15	3.07	2.12	2.34
2004	0.17	1.96	0.18	2.03	3.21	2.07	2.39
2005	0.18	2.06	0.18	1.97	3.25	2.05	2.38
2006	0.17	2.06	0.18	1.97	3.25	2.04	2.40
2007	0.16	1.92	0.18	1.92	3.17	2.10	2.49
2008	0.14	1.80	0.17	1.86	3.18	2.18	2.57
2009	0.14	1.78	0.17	1.83	3.19	2.18	2.56
2010	0.14	1.76	0.17	1.82	3.11	2.11	2.48
2011	0.14	1.73	0.16	1.74	3.02	2.05	2.40
2012	0.13	1.70	0.16	1.71	3.02	2.05	2.39
2013	0.13	1.68	0.15	1.69	2.92	2.02	2.32
2014	0.13	1.66	0.15	1.67	2.84	1.98	2.27
2015	0.21	1.98	0.15	1.71	2.80	1.87	2.22
2016	0.21	1.97	0.14	1.68	2.81	1.86	2.20
2017	0.20	1.96	0.14	1.65	2.81	1.84	2.18
2018	0.20	1.94	0.14	1.62	2.80	1.82	2.17

资料来源：同图5—11。

（二）基于泰尔指数的城乡居民收入差距分析

这里使用泰尔指数来分解城乡收入差距，同时考察各部分的贡献率。基于山东省17个地级市的城市和农村数据，利用泰尔指数将城乡收入差距分解为城市内部收入差距、农村内部收入差距和城乡间收入差距三个部分。

将第四章的区域差距中使用的泰尔指数进行如下变形：

$$T = T_1 + T_2 = \sum_{i=1}^{n} Y_i \ln \frac{Y_i}{P_i} + \sum_{j=1}^{n} Y_j \ln \frac{Y_j}{P_j} \quad (5—1)$$

T 是根据地级市数据得到的泰尔指数，T_1 为城市内部和农村内部差距的泰尔指数，T_2 为城乡间差距的泰尔指数。另外，i 是各地级市的城市或农村数据，j 是城市居民或农村居民的收入，Y_i 为 i 市 GDP 占总 GDP 的比重，P_i 为 i 市人口占总人口的比重，Y_j 为 j 的收入在总收入占的比重，P_j 为 j 的收入占总人口的比重。

根据图 5—14 和表 5—9，可以总结出以下两点。

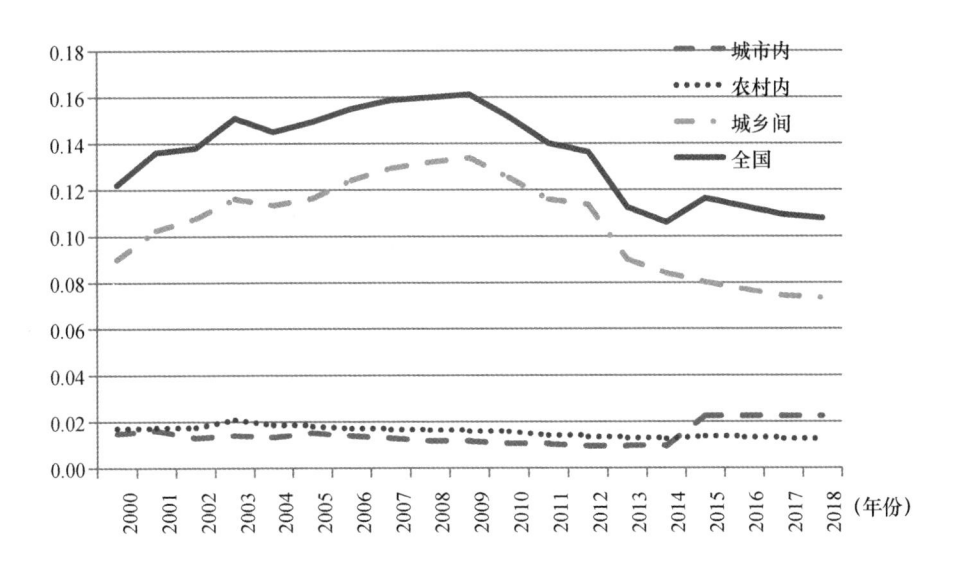

图 5—14　山东省各地级市城乡收入差距：泰尔指数（2000—2018）

资料来源：根据山东统计局、国家统计局山东调查总队编《山东统计年鉴各年度版》整理计算得出。

表 5—9　山东省各地级市城乡收入差距的泰尔指数及贡献率

年份	泰尔指数				贡献率（%）		
	全体	城市内	农村内	城乡间	城市内	农村内	城乡间
2000	0.122	0.015	0.017	0.090	12.2	14.1	73.7
2001	0.136	0.016	0.017	0.102	11.9	12.8	75.3
2002	0.138	0.013	0.018	0.108	9.4	12.7	77.9
2003	0.151	0.014	0.021	0.116	9.3	13.8	76.9
2004	0.145	0.013	0.019	0.113	9.1	12.8	78.1

续表

年份	泰尔指数				贡献率（%）		
	全体	城市内	农村内	城乡间	城市内	农村内	城乡间
2005	0.149	0.015	0.018	0.116	10.1	12.1	77.8
2006	0.155	0.014	0.017	0.124	8.9	11.1	80.0
2007	0.159	0.013	0.017	0.129	8.1	10.5	81.4
2008	0.160	0.012	0.016	0.132	7.3	10.3	82.5
2009	0.161	0.011	0.016	0.134	7.1	9.9	83.0
2010	0.151	0.011	0.016	0.125	7.0	10.4	82.6
2011	0.140	0.010	0.014	0.116	7.3	10.0	82.7
2012	0.136	0.009	0.013	0.114	6.9	9.8	83.3
2013	0.112	0.010	0.013	0.090	8.5	11.4	80.0
2014	0.106	0.009	0.013	0.084	8.8	11.8	79.4
2015	0.116	0.023	0.014	0.080	19.4	11.7	69.0
2016	0.113	0.023	0.013	0.077	20.0	11.7	68.4
2017	0.109	0.022	0.013	0.074	20.6	11.5	68.0
2018	0.108	0.023	0.012	0.073	20.9	11.1	68.1

资料来源：同图5—14。

第一，从总体来看，城乡收入差距自2000年开始至2009年一直呈现扩大趋势，之后逐渐缩小，2015年小幅扩大之后再次缩小。城乡间收入差距基本与整体的城乡收入差距的变化趋势一致，均高于城市内部和农村内部差距，但在2009年之后一直呈缩小趋势。城市内部和农村内部差距自2000年开始基本上呈现缩小趋势，但城市内部差距也在2015年之后呈现小幅扩大趋势。

第二，通过分解城乡收入差距，可以看出城乡间收入差距的贡献率最大，截至2014年农村内部收入差距的贡献超过了城市内部收入差距，而在2015年以后城市内部收入差距的贡献率反超过了农村内部收入差距。按2018年的贡献率来看，城市内部为20.9%，农村内部为11.1%，城乡间为68.1%。可以推测，2015年前城乡收入差距的变化主要是由城乡间收入差距引起的，但2015年以后的变化很有可能是由城市内部收入差距带来的。

第三节　山东省的县际差距

根据《山东统计年鉴2019》，2018年山东省内低于地级市的县级行政区划共有137个（包括市辖区56个、县级市27个和县54个）。在此，对于县级行政区划（以下简称为县份），主要列举了人均GDP、职工平均工资、农村人均纯收入，来考察省内的县际差距。

2018年137个县份的年末总人口数据显示，人口超过100万的县份有25个。人口最多的是枣庄滕州市的175.2万人，最少的是烟台长岛县的4.1万人。另外，在91个县份中，按2010年名义GDP计算，最高的是烟台龙口市的680.07亿元（2010年年末人口63.4万人），最低的是烟台市长岛县的50.02亿元。而从人均名义GDP来看，最高为烟台长岛县的116316元，最低为菏泽曹县的9118元（2010年年末人口156.2万人）。在名义GDP、人均名义GDP上来看，最高县和最低县之间皆有十倍以上的差距。

具体来看，由于数据的可得性，选取不同时期进行考察。表5—10表示2005—2010年人均名义GDP的县际差距，表5—11表示2004—2010年职工平均工资的县际差距，表5—12表示2000—2018年农民人均纯收入的县际差距，可以总结出以下几点。

第一，如表5—10、表5—11和表5—12所示，从基尼系数和变异系数来看，人均名义GDP的县际差距呈现扩大趋势，职工平均工资的县际差距一度呈扩大趋势，但近年来呈现缩小趋势；农村人均纯收入的县际差距也是截至2003年一度呈现扩大趋势，之后一直呈现持续缩小趋势。无论从基尼系数还是从变异系数来看，职工平均工资和农民人均纯收入的县际差距都较小，而人均名义GDP的县际差距较大。

表 5—10　　　　　　山东省人均名义 GDP 的县际差距

年份	省内县际差距				各地级市内县际差距		
	县份	变异系数	基尼系数	最大/最小	最大值	中位值	最小值
2005	91	0.620	0.318	13.53	3.54	1.93	1.45
2006	91	0.629	0.325	12.24	3.66	2.18	1.53
2007	91	0.625	0.323	11.97	3.79	2.27	1.49
2008	91	0.635	0.330	13.57	4.16	2.30	1.49
2009	91	0.651	0.337	13.57	4.20	2.18	1.54
2010	91	0.649	0.335	12.67	4.30	2.09	1.34

资料来源：根据 CEIC 整理数据计算得出。

表 5—11　　　　　　山东省职工平均工资的县际差距

年份	省内县际差距				各地级市内县际差距		
	县份	变异系数	基尼系数	最大/最小	最大值	中位值	最小值
2004	91	0.235	0.131	2.81	2.37	1.38	1.10
2005	91	0.267	0.147	3.23	2.77	1.56	1.08
2006	91	0.265	0.142	2.89	2.62	1.41	1.07
2007	91	0.228	0.122	3.14	2.28	1.29	1.10
2008	91	0.218	0.117	2.63	2.28	1.25	1.16
2009	91	0.220	0.121	2.90	2.23	1.26	1.11
2010	91	0.209	0.116	3.41	2.06	1.30	1.08

资料来源：同图 5—14。

表 5—12　　　　　　山东省农民人均纯收入的县际差距

年份	省内县际差距				各地级市内县际差距		
	县份	变异系数	基尼系数	最大/最小	最大值	中位值	最小值
2000	136	0.220	0.125	2.53	1.75	1.36	1.01
2001	135	0.218	0.124	2.51	1.72	1.37	1.02
2002	135	0.215	0.127	2.38	1.66	1.36	1.02
2003	136	0.224	0.128	2.67	1.64	1.29	1.02
2004	136	0.212	0.121	2.27	1.62	1.28	1.01
2005	135	0.215	0.122	2.23	1.59	1.29	1.02

续表

年份	省内县际差距				各地级市内县际差距		
	县份	变异系数	基尼系数	最大/最小	最大值	中位值	最小值
2006	135	0.216	0.123	2.23	1.64	1.26	1.03
2007	135	0.213	0.121	2.21	1.73	1.25	1.04
2008	136	0.214	0.121	2.25	1.71	1.24	1.05
2009	135	0.211	0.119	2.26	1.64	1.24	1.05
2010	135	0.207	0.118	2.18	1.66	1.23	1.05
2011	135	0.202	0.113	2.22	1.76	1.22	1.04
2012	135	0.196	0.110	2.10	1.75	1.22	1.04
2013	134	0.188	0.105	2.08	1.73	1.22	1.05
2014	132	0.184	0.103	2.04	1.71	1.22	1.05
2015	130	0.184	0.105	2.02	1.47	1.19	1.05
2016	130	0.182	0.103	2.00	1.46	1.20	1.05
2017	130	0.178	0.101	1.96	1.45	1.19	1.05
2018	129	0.174	0.265	1.93	1.44	1.19	1.05

资料来源：同图5—14。

第二，从省内县际差距来看，2010年的最大和最小的县的比率中，人均名义GDP的比率最大，而农村人均纯收入的比率最小。人均名义GDP最高的是烟台长岛县，最低的是菏泽市曹县。职工平均工资最高的是济宁邹城市的44233元，最低的是德州庆云县的12975元。2018年农民人均纯收入最高的是青岛崂山区的23884元，最低的是济宁泗水县的12379元。

第三，从地级市内县际差距来看，人均GDP的地级市内县际差距较大，而农民人均纯收入的地级市内县际差距较小。2010年人均GDP县际差距最大的是烟台市，最小的是日照市；职工平均工资县际差距最大的是济宁市，最小的是威海市；2018年农民人均纯收入县际差距最大的是济宁市，最小的是聊城市。

第 六 章

山东省城乡收入差距影响因素的实证分析[*]

根据第五章的分析结果,通过城市居民人均可支配收入和农村居民人均纯收入的比率来看,城乡收入差距[①](a)呈现长期扩大后缩小的趋势。而从城市家庭和农村家庭的平均收入的变异系数和未加权基尼系数来看,在地级市内的城市居民平均收入差距截至2014年持续缩小,2014年之后呈扩大趋势;农村居民平均收入差距呈逐渐缩小趋势。另外,地级市内的城乡间收入差距(b)截至2009呈现逐渐扩大的趋势,而在2009年以后呈缩小趋势。而基于泰尔指数来看,城乡收入差距(a)和城乡间收入差距(b)的变化较为相似,截至2009年一直呈扩大趋势,之后基本上呈现缩小趋势;城市内收入差距(c)在2014年以后有所扩大,而农村内收入差距(d)持续缩小;2000—2018年,城乡间收入差距(b)对

---

[*] 本章是基于以下论文翻译修改而成。王娜:《都市・農村所得格差と経済成長の関係に関する実証研究——山東省を例にして》,《国際公共経済研究》2013年第24号。王娜:《山東省における都市・農村所得格差の影響要因に関する実証分析》,《中央大学経済研究所年報》2014年第45号。

[①] 设城乡收入差距为a,城乡间收入差距为b,城市内收入差距为c,农村内收入差距为d。根据泰尔指数的计算式,a = b + c + d。

于城乡收入差距的贡献率虽然有所缩小，但在 2018 年仍然是 68.1%。因此，尽管近年城市内收入差距（c）有所扩大，但是城乡间收入差距（b）的扩大仍然是导致城乡收入差距（a）扩大的主要原因。因此，考察城乡间收入差距对研究城乡收入差距显得尤为重要。本章也是以城乡间收入差距[①]为研究对象，对其影响因素进行初步探讨。

在以往的研究中，关于全国范围的城乡收入差距的影响因素，有诸多观点。这些观点也适用于省内存在的城乡收入差距吗？在本章中主要针对山东省城乡收入差距的影响因素进行实证分析。在第一节中，对在实证分析中使用的解释变量和分析方法进行说明，但从经济、制度、政策和收入来源分类的角度提出城乡收入差距影响因素的假设。在本章第二节中，依据假设，基于面板数据模型对山东省城乡收入差距的影响因素进行实证分析。

第一节　城乡收入差距影响因素的初步考察

在这一部分，分别从经济、制度、政策以及收入来源分类的角度对城乡收入差距的影响因素进行初步考察。

一　从经济、制度、政策因素的初步考察

从经济因素方面来看，随着经济的发展，城市化水平的提高，产业结构的调整，以及经济全球化外部因素的作用，最终影响了收入差距。从制度因素来看，60 年户籍制度的影响，阻碍了城市化的进程，分离了城市和农村。从政策因素来看，主要体现在财政政策对收入差距的间接影响上。

---

① 按照书写习惯，以下文中出现的城乡收入差距实际上均为城乡间收入差距。

(一) 经济因素

随着时代的发展，当提及一个国家经济发展的外部环境时，我们无法忽视经济全球化的进程。特别是在中国加入 WTO 之后，已经强烈地受到了外界经济因素的影响。正如第二章所述，经济全球化，促进了生产工序的细分化，不仅是在沿海与内陆地区之间，也促进了生产要素在城乡市场之间的自由流动。这样的生产工序分工体制，不仅引起了就业人员间和产业间的工资差距、城乡收入差距，甚至影响到区域间的经济差距。根据 Barro 的"内生增长理论"（Endogenous Growth Theory）[①]，经济增长的源泉不是依赖外生的技术进步，而是依赖作为内生因素的广义上的充实资本积累，因此除了政府用于公共投资的财政支出外，外商直接投资（FDI）也对经济增长产生积极作用。随着 FDI 的推进，通过由投资国向被投资国转移资本、技术和经验，从而促使被投资国的产业结构升级，也对其城乡收入差距产生一定影响。

此外，根据库兹涅茨的"倒 U 型假说"，在经济发展的初期阶段，收入差距呈扩大趋势。在农业向工业转型的过程中，产业结构的差异影响了城乡收入差距。在农村，农林牧渔业等多种产业中，农业占主导地位，因为农民收入几乎依赖于农业，农业的发展与农民收入密切相关。而在城市，从事工业的劳动者占多数，工业的发展也影响到城市居民的收入。工业部门集中了大量资本和劳动力，具有较高的劳动生产率，与之相比，在农业部门，农产品的收入弹性小，劳动生产率较低。

虽然可以认为从事农业生产的劳动者几乎是农村居民，然而，在城市工作的劳动者也并非都是城市居民，换言之，从事工业的劳

---

① Barro, R. "Government Spending in a Simple Model of Endogenous Growth", *Journal of Political Economy*, Vol. 98, No. 5, 1990, pp. 103 – 125.

动者不一定都是城市居民。这是因为从农村转移的剩余劳动力中只有一部分人能成为城市居民，这些劳动者在城市的各行业工作，如果他们从事第二产业和第三产业，会比从事第一产业得到相对较高的收入。这样的人口转移不仅促进了城市化发展，而且还会促进产业结构的转型，并且可以降低企业间价格成本，也对城乡收入差距产生一定的影响。

（二）制度因素

第三章中涉及的收入分配理论中，对于刘易斯二元经济结构理论是否适用于中国是存在争议的。在中国，由于户籍制度的分离政策将城市和农村区分开来，限制了劳动力的自由流动，阻碍了农业的资本积累和技术创新，抑制了农业的发展。从这个意义上讲，它不是一个完全意义上的刘易斯模型，只能说它是一个特殊的二元经济结构模型。因此，这种对城市和农村进行区分的社会管理方式也导致了城乡收入差距。

为了缩小城乡收入差距，需要创造促使农村剩余劳动力可以自由流动的环境，因此有必要修正或取消现行的户籍制度。户籍制度本来就具有管理人口的功能，也是社会治理的基本手段。中国的户籍制度，将居民分成"城市户口"和"农村户口"，1978年以前约有80%，2018年也近60%的人口是农村户口。长期以来，为实现工业化的目标，政府实行将资源倾向于工业的优先分配政策。与此同时，竭力阻止农民向城市移动，因为政府担心随着农村人口向城市的转移，城市规模迅速扩大，会引发诸多社会问题。并且，由于向城市居民提供补贴，因此政府担心随着大量农民的"入城"，会对其造成过重的负担。所以，从1958年开始政府实行对城市居民和农村居民进行分开管理的户籍制度，而没有城市户口的农村居民就不能享受居住、教育、就业等福利待遇。其结果是，造成了城市和农村的"二元"社会结构。这样一来，出生在农村家庭的人，就会以农民的身份来度过一生。即使持有"城市户口",城市间的落户也受到限制。近年"取消户籍制度"呼声越来越高,2014年国家定下一个"小目标",在国务院下发的《关于进一步推进户籍制度改革的意见》中提出,到"2020年,努力实现1亿左右农业转移人口和其他常住人口在城镇落户"。中共中央办公厅、国务院办公厅于2019年12月25日印发了《关于促进劳动力和人才社会性流动体制机制改革的意见》(以下简称为《意见》),从《意见》中可以发现,除了北京、上海、广州、深圳、武汉、重庆、杭州、天津、成都等十余个超大、特大城市外,其他所有城市,无论二线还是三、四线,都将获得放开乃至取消落户限制的机会。虽然对于户籍制度的管控正在一步步放开,但是对于上述超大或特大城市还在进行严格的人口控制。即使在二、三、四线城市可以放开落户,但是外来务工人员在一些制度上,如就业、社会保障、教育等方面还是有别于城市居民。因此,将城市和农村分离的户籍制度也成为影响城乡收入差距的因素之一。

(三) 政策因素

政策因素主要是从政府的财政政策来考察。政府通过财政的收入再分配功能,利用税收政策和社会保障,对居民的收入进行再分配,调节初次分配后的收入差距。

从财政收入来看,2018年山东省的税收收入占地方财政一般预算收入的75.5%[①]。城乡居民在不均衡的税收政策的影响下,农民的税费负担比城市居民大很多。例如,2000年农村居民的税费负担占个人纯收入的比例仅为5.06%,相比之下,城市居民的个人所得

---

① 根据山东统计局、国家统计局山东调查总队编《山东统计年鉴2019》,下同。

税占个人收入的比例为0.14%①。此外，2002年农民平均的税费支出是117.09元，较全国平均水平的78.7元②多出38.39元。对于农民而言，还存在被称为"隐性负担"③的非正规收费。与之相比，城市居民一直以来只有较少的税费负担，再加上政府会提供电力、水、煤气、交通等方面的补贴，以及住房补贴、医疗补贴、最低生活保障和失业救济金等，并可以享受社会保障方面的转移性收入。

事实上，与政府财政收入相比，地方政府的财政支出更能反映当地政府的财政政策，通过增加城乡居民的收入机会，影响城乡收入差距。譬如，上述社会保障支出作为居民收入来源中转移性收入的重要组成部分，直接影响到居民收入的再分配，以及城乡居民间的社会保障方面的福利差距，间接影响到城乡居民收入差距。另外，财政支出中的教育支出会对人力资本的形成产生重大影响。早在20世纪60年代美国经济学家舒尔茨（Schultz）提出了人力资本理论④。舒尔茨主张，农民受教育的机会相对较少，教育机会的不平等是造成城市和农村贫富差异的根本原因。在农村，通过增加教育投入，促使生产技术的革新和劳动生产率的提高，同时农村剩余劳动力由农业部门向非农业部门转移，可以发展与传统城市工业化不同的农村工业化。总之，政府对农业的人力资本投资是农村经济发展的关键。为了发展农村经济，拓宽多种生产经营方式是增加农民非农业收入的捷径之一。因为工资收入的多寡是由劳动能力和劳

---

① 城市居民的个人所得税的数据是出自国家统计局城市社会经济调查总队《中国价格及城镇居民家庭收支调查统计年鉴2001》；农村居民的税费支出的数据是出自《山东统计年鉴2001》。

② 山东省统计局：《山东农村税费改革与农民负担问题调查分析》，2004年4月2日，中国统计信息网（http：//www.stats.gov.cn/ztjc/ztfx/dfxx/200404/t20040401_31744.html）。

③ 所谓"隐性负担"，是指压低农产品的购买价格等使农民的实际负担增加，也被称为"暗税"。

④ Schultz, T. W., *Transforming Traditional Agriculture*, New Haven：Yale University Press, 1964.

动贡献度来决定的，然而对于从事非农业生产的农民而言，知识、技能、经验是必不可少的，提高收入并不容易。因此，教育投资对于农村劳动者的就业竞争力，农业的生产效率有很大的影响。综上所述，除了城乡居民间的税费差距之外，社会保障支出和教育支出也对两者的收入差距有一定影响。

二 从收入来源分类角度的初步考察

按照收入来源对城乡居民收入进行分类，已经在第五章的表5—4和表5—5中提及。城市和农村居民家庭收入主要分为工资性收入、经营净收入、财产净收入、转移净收入这四类。表6—1分别是城市和农村居民占绝大比重的两大类收入来源的金额和构成比。从该表可以说明以下三点。

表6—1　山东省城乡居民家庭的平均收入来源分类及占比　单位：元/%

年份	城市				农村			
	工资性收入		转移净收入		工资性收入		经营净收入	
	净收入	比重	净收入	比重	净收入	比重	净收入	比重
1990	1234	81.6	257	17.0	168	24.7	486	71.5
1995	3651	85.7	532	12.5	409	23.8	1231	71.7
2000	5561	85.3	769	11.8	851	31.7	1677	63.5
2005	9027	77.8	1937	16.7	1438	36.6	2258	57.4
2010	15731	72.4	3812	17.5	2958	42.3	3457	49.5
2011	17629	70.8	4350	17.5	3715	44.5	3935	47.2
2012	19856	70.9	4823	17.2	4383	46.4	4234	44.8
2013	17427	64.8	3666	13.6	4189	39.2	4979	46.6
2014	18866	64.6	4049	13.9	4713	39.7	5431	45.7
2015	20386	64.6	4309	13.7	5140	39.7	5856	45.3
2016	21812	64.1	4681	13.8	5569	39.9	6267	44.9
2017	23431	63.7	5131	13.9	6069	40.1	6730	44.5
2018	25041	63.3	5588	14.1	6550	40.2	7194	44.1

资料来源：1989—2008年数据来自山东省统计局编《辉煌山东60年》；2009—2018年数据来自山东统计局、国家统计局山东调查总队编《山东统计年鉴各年度版》。

第一，对于城市居民而言，工资性收入和转移净收入是主要的收入来源，2018年分别为63.3%和14.1%，两者共占城市居民可支配收入的77.4%。相比之下，对于农村居民而言，主要的收入来源是工资性收入和经营净收入，2018年分别为40.2%和44.1%，两者共占农村居民平均收入的84.3%。

第二，城市居民的工资性收入和转移净收入迅速增加，从1990至2018年，前者在从1234元提高到25041元，后者从257元提高到5588元，增加总额为29138元，上涨幅度约为20.54倍。相比之下，同期农村居民的工资性收入和经营净收入虽然基数小，增加幅度也很快，前者是从168元提高到6550元，后者从486元提高到7194元，增加总额为13090元，上涨幅度约为21.02倍。

第三，从1990年至2018年，城市居民和农村居民的收入来源结构有了巨大的变化。城市居民的工资性收入的比重从81.6%下降至63.3%，转移净收入的比重由17.0%下降至14.1%。而相比之下，同期农村居民的工资性收入和经营净收入的比重出现大逆转，前者由24.7%增至40.2%，后者由71.5%降至44.1%。说明这些年来农村居民的工资性收入有了很大的提高，而经营净收入的主导地位在很大程度上被削弱。

当考虑城乡收入差距时，从收入来源角度去思考是合理的。换言之，通过探讨城市居民的工资性收入和转移净收入，以及农村居民的工资性收入和经营净收入的影响因素，就可以抓住城乡收入差距的影响因素。对于城市居民和农村居民而言，由于在城市或是在农村工作的地区差而引起工资差，即使是在同一地区，不同产业就业人员的工资也有很大差距，而且职工人数和劳动生产率的差异也会反映在工资上，尤其对于农村居民，是通过从事农业和非农业的工作而得到的经营净收入和工资性收入。另外，收入再分配政策能反映出转移净收入，也会影响再分配后的收入。

综上所述，无论是从经济、制度、政策的角度，还是从收入来源的角度，来考察城乡收入差距的影响因素，都可以将其主要影响因素归纳为城市化率、产业结构、外商直接投资、社会保障支出和教育支出这几个方面。

第二节　山东省城乡收入差距影响因素的实证分析

一　数据来源和变量说明

在这里，利用2000—2018年山东省17个地级市的面板数据，对山东省城乡收入差距的影响因素进行实证分析。主要数据均来自《山东统计年鉴2001—2019》和《辉煌山东60年》。2000—2005年的各地级市城乡人口数据来自《辉煌山东60年》，2006—2019年的城乡人口数据来自《山东统计年鉴》，其中截至2012年人口数据均使用户籍人口。各变量说明见表6—2所示，为了避免异方差的问题，对所有变量都取对数进行计算。构建面板数据模型如下：

$$\ln(gap)_{it} = \alpha + \beta_1 \ln(urb)_{it} + \beta_2 \ln(fdi)_{it} + \beta_3 \ln(edu)_{it} \\ + \beta_4 \ln(soc)_{it} + \beta_5 \ln(ind)_{it} + \gamma \ln X_{it} \\ + \varepsilon_{it} \quad (6\text{—}1)$$

其中，模型中的被解释变量为 t 年 i 市的城市人均可支配收入和农村人均纯收入之比，即城乡收入差距（gap），以城乡实际平均收入比值来测度，并以2000年为基期，分别通过城市居民和农村居民CPI进行平减，得到实际值。核心解释变量分别是代表城市化水平的 i 市城市化水平（urb）、外商直接投资占GDP的比重（fdi）、教育支出占财政支出的比重（edu）、社会保障支出占财政支出的比重（soc），以及代表产业结构的第三产业和第二产业的比值（ind）。另外，在模型中控制其他可能对城乡收入差距有影响的变量 X，尽可能缓解遗漏变量的偏误。其中，加入第三产业就业人员的比重（terem）和第二产业就业人员[①]的比重（secem）以反映劳动力的变化状况，加入第二产业比重（sec）以反映产业发展水平，同时加入代表经济发展水平的人均实际GDP（agrp），以及代表人力资本水平的普通高中在校生人数（huce）和普通高中毕业生人数（hucg）。

表6—2　　　　　　　　　　变量说明

类型	变量名称	变量符号	处理过程
被解释变量	城乡收入差距	gap	各地级市城市居民实际人均可支配收入与农村居民实际人均纯收入的比值
解释变量	城市化水平	urb	各地级市城市人口[②]占该市总人口[③]的比重
	外商直接投资比重	fdi	各地级市实际使用外资额[④]占GDP的比重
	教育支出比重	edu	各地级市教育支出占财政支出的比重
	社会保障支出比重	soc	各地级市社会保障支出占财政支出的比重
	第三产业就业人员比重	terem	各地级市第三产业就业人员占总就业人员的比重
	第二产业就业人员比重	secem	各地级市第二产业就业人员占总就业人员的比重
	产业结构	ind	各地级市第三产业与第二产业比值
	第二产业比重	sec	各地级市第二产业占GDP的比重
	人均实际GDP	agrp	以2000年为基期通过省级CPI进行平减
	人力资本水平a[⑤]	huce	各地级市普通高中在校生人数
	人力资本水平b	hucg	各地级市普通高中毕业生人数

---

① 第二产业和第三产业的就业人员是指在城镇单位就业的第二产业和第三产业的员工。城镇单位包括国有单位、城镇集体单位、股份合作单位、联营单位、有限责任公司、股份有限公司、港澳台商投资单位以及外商投资单位等其他登记注册类型单位。

② 根据统计年鉴的说明，截至2012年的城镇人口的统计以户籍人口为标准，而从2013年开始城乡一体化改革，城镇人口的统计标准变为常住人口口径，因此截至2012年的城市化率是基于各地级市户籍人口算出，而2013年以后是基于常住人口计算。

③ 为了保持数据的一致性，各地级市总人口由地区生产总值与人均地区生产总值之比算出。

④ 外商直接投资指各地级市的实际利用外资额。FDI以美元为单位，根据人民币对美元外汇牌价进行转换成人民币后计算其占GDP的比重。

⑤ 在正常情况下，人力资本指标使用高校毕业生人数将更为合适，由于数据的局限性，本章采用的是普通高中在校生和毕业生的数据。

二 面板数据估计方法

首先，如表6—3所示对各个变量进行描述性统计分析。表中分别展示了各变量的观察样本量、平均值、标准差、最小值和最大值。

表6—3　　　　　　　　　　描述性统计分析

变量名	样本量	平均值	标准差	最小值	最大值
gap	323	2.61	0.34	1.83	3.50
urb	323	43.12	15.16	14.78	73.67
fdi	323	1.88	2.15	0.07	13.85
edu	323	20.25	3.25	11.97	28.95
soc	323	10.06	4.62	0.56	23.91
terem	323	45.61	10.65	25.17	79.50
secem	323	53.78	10.81	18.32	72.44
ind	323	0.71	0.25	0.10	1.70
sec	323	52.89	8.43	26.70	82.30
agrp	323	33905	23757	2610	129974
huce	323	5.88	2.82	1.00	12.00
hucg	323	5.88	2.82	1.00	12.43

其次，由于一些变量存在明显的共线性，如产业结构和第二产业比重、第二产业和第三产业从业人员，以及普通高中在校生和毕业生的变量等，因此分别建立了6个模型进行估计（见表6—4所示）。6个模型均选择固定效应模型，之所以选择固定效应模型（Fixed effects regression model）而非随机效应模型（Random effects regression model），是通过豪斯曼检验的结果。固定效应模型中包括个体固定效应模型和个体时间固定效应模型，个体固定效应只能排除不随时间变化的个体不可观测因素所导致的内生性问题，而从经济含义出发，一些制度或政策性的因素可能会同时影响模型中的变

量，如外商直接投资以及财政支出等容易受到制度或政策性因素影响，这些因素存在明显的随时间变化的趋势，必须加以排除或控制，因此考虑个体时间双向固定效应模型。

表6—4　　　　　　　　　面板数据估计结果

变量	lngap					
	FE (1)	FE (2)	FE (3)	FE (4)	FE (5)	FE (6)
c	-0.120*	0.111	0.355	-0.261	0.074	0.298
	(-0.60)	(0.49)	(1.59)	(-0.79)	(0.33)	(1.34)
lnurb	-0.232***	-0.217***	-0.204***	-0.234***	-0.220***	-0.208***
	(-8.75)	(-8.32)	(-7.70)	(-8.79)	(-8.38)	(-7.79)
lnfdi	0.013*	0.010	0.009	0.014*	0.011	0.011
	(1.75)	(1.32)	(1.28)	(1.91)	(1.47)	(1.45)
lnedu	0.099**	0.097**	0.090**	0.096**	0.094**	0.086**
	(2.45)	(2.55)	(2.37)	(2.37)	(2.44)	(2.25)
lnsoc	0.024***	0.024***	0.023***	0.023***	0.023***	0.022***
	(3.19)	(3.21)	(3.08)	(3.02)	(3.09)	(2.95)
lnterem	-0.025	-0.003		-0.023	-0.005	
	(-0.58)	(-0.07)		(-0.54)	(-0.12)	
lnsecem			-0.073			-0.095
			(-1.56)			(-1.49)
lnind		-0.090***	-0.100***		-0.089***	-0.098***
		(-4.75)	(-5.32)		(-4.66)	(-5.21)
lnsec	0.153***			0.157***		
	(3.34)			(3.43)		
lnagrp	0.130***	0.142***	0.143***	0.132***	0.143***	0.145***
	(7.75)	(9.11)	(9.24)	(7.79)	(9.13)	(9.25)
lnhuce	-0.104***	-0.103***	-0.110***			
	(-2.75)	(-2.76)	(-2.96)			
lnhucg				-0.082**	-0.071**	-0.078*
				(-2.52)	(-2.22)	(-2.42)
Adjusted R-squared	0.5016	0.5195	0.5233	0.4997	0.5152	0.5188
样本量	323	323	323	323	323	323

注：***代表p<0.01，**代表p<0.05，*代表p<0.1。

在考虑可能存在内生性问题时,主要来源有两个方面:第一,被解释变量与部分解释变量可能存在互为因果关系;第二,模型中可能存在遗留重要变量的估计偏误。对于第一个问题,一般而言,城乡收入差距与城市化率之间可能存在联立性的内生性(Simultaneity),但是在考察城乡收入差距与城市化率的单回归分析时,只发现城市化率对城乡收入差距有单向因果关系,因此,二者之间不存在联立性的内生性。对于其他变量可能存在的联立性的内生性问题和遗漏变量问题,使用滞后项作为工具变量的两阶段最小二乘法(Two Stage Least Square,TSLS)进行回归估计后,与面板数据固定效应模型进行对比的结果基本一致,即内生性问题对模型的估计结果影响不大,而且在分别进行 Durbin – Wu – Hausman 检验[①]和 Davidson – Mackinnon[②] 检验模型内生性时,结果均接受不存在内生性问题的原假设。另外,对于遗漏变量的问题,在模型中已经控制了人均实际 GDP、人力资本水平等变量,故可以在很大程度上避免其通过未观察因素影响城乡收入差距。即使存在遗漏变量,也对模型估计结果没有太大的影响。因此,模型不使用面板数据工具变量法,而采用面板数据个体时间双向固定效应模型进行估计。

三 面板数据结果分析

根据表6—4的面板数据估计结果,在所有模型中,城市化率和人力资本水平对城乡收入差距有显著的负向影响,教育支出和社会保障支出占财政支出的比重、人均实际 GDP 对城乡收入差距有显著的正向影响,即城市化的推进和人力资本水平的提高会缩小城乡收入差距,而教育支出和社会保障支出占财政支出比重的增加并

---

① Wooldridge, J., *Econometric Analysis of Cross Section and Panel Data*, MIT press, 2010.

② Davidson, R., Mackinnon, J. G., *Estimation and Inference in Econometrics*, New York: Oxford University Press, 1993.

没有对缩小城乡收入差距起到积极作用，反而是扩大了城乡收入差距，经济增长也扩大了城乡收入差距。在 FE（2）、FE（3）、FE（5）、FE（6）模型中产业结构对城乡收入差距有显著的负向影响，而在 FE（1）和 FE（4）模型中第二产业的比重对城乡收入差距有显著的正向影响，也就是说，第三产业比重的增加会缩小城乡收入差距，而第二产业比重的增加会扩大城乡收入差距。在 FE（1）和 FE（4）模型中外商直接投资比重的增加对城乡收入差距有显著正效应，也说明外商直接投资的增加会扩大城乡收入差距。而第二产业就业人员和第三产业就业人员的比重对城乡收入差距的影响并不显著。

根据上述实证分析，对得到的结果进行进一步分析。

(一) 城市化的影响

一般情况下，城市化是伴随着工业化和现代化发展，以及经济结构转型的结果。在第二章中，对于城市化和收入差距的关系，已经进行了相关理论分析。城市化发展对城乡收入差距的影响，主要体现在生产要素从农村向城市转移所带来的集聚效应和生产要素从城市向农村转移所带来的分散效应。通过这两种效应的作用，会导致城乡收入差距的缩小或扩大。

随着城市化的推进，通过城市化所带来的集聚效应和分散效应的共同作用，对山东省城乡收入差距的缩小起到了积极作用。2018年山东省城市常住人口已达到6147万人，城市化率为61.18%。作为沿海经济发达的人口大省，山东省也吸引了诸多本地和外地的外来劳动力。正是因为城市化所产生的集聚效应，吸引大量劳动力从农村流入城市。根据山东省人力资源和社会保障发布的《2016年山东农民监测调查报告》，2016年山东省农民工总人数达到2420万人，占全省总人口的24.6%，占全国农民工总量的8.6%。从2011年至2016年，40岁以上农民工所占比重由45.5%上升至55.5%，

30岁以下农民工所占比重由32.7%下降到22.8%。

特别是1980年以后出生的新生代农民工中大多数都没有从事过农业，2018年新生代农民工占全国农民工总量的51.5%①，也就意味着约1亿人已经成为年轻一代的农民工。外出农民工虽然还是保留农村户籍，但已经逐渐演变为城市的常住人口。这些在城市中生活的农民工也可以参加保险，住房条件也有所改善，其子女也可以接受教育，现在的外出农民工俨然已成为生活在城市中的劳动者。虽然第一代农民工逐渐年长，新一代农民工由于受教育年限延长等因素影响逐年减少，但从整体来看，农民工中大多数人是中青年并且有很强的劳动能力，而留守在本地的多是不能工作的老人和小孩，因此要提高农村的劳动生产率非常困难，也很难增加农业经营收入。但近年，从表6—1中可见，山东省农村居民的工资性收入大幅度提高，经营净收入有所下降，证明农村居民收入的主要收入来源已逐渐由农业经营性收入向从事第二产业和第三产业所获得的工资性收入转移。随着农村剩余劳动力的转移，使农村人均资源拥有量迅速增加，这在一定程度上有利于实现农村土地等资源的规模化经营，提高农村劳动生产率，缩小城乡收入差距。而且，大多数的外出农民工在城市从事第二产业和第三产业劳动，虽然从事行业可能多为技术含量较低的劳动密集型产业，但相对于农业收入会有大幅增长空间。当然其中也不乏一些在本地或城市受过高等教育的农民工或富裕者移居到城市，与普通的农民工不同，他们可能会从事技术密集型产业，获取更高的收入。

总而言之，城市化与城市人口规模的扩大、城市产业集聚密不可分，城市化的发展是衡量经济增长的一个重要指标，是提高产业竞争力，扩大内需和缩小收入差距的一个重要因素。

---

① 根据国家统计局《2018年农民工监测调查报告》。

（二）第三产业的影响

自2016年起山东省的第三产业已经超过第二产业占据主导地位。2018年第二产业比重为44.0%，而第三产业已达到49.5%。一般来说，通过加快第二产业向第三产业的转移，逐渐增加第三产业的比重，会缩小城乡收入差距。

从表6—1可以看出，农村居民收入中，仅次于家庭经营净收入的工资性收入占很大比例，而工资性收入主要来自工业和服务业等的非农业收入。从1990年至2018年，农村居民的工资性收入的比重由24.7%增加到40.2%，并曾在2012年达到46.4%，当年一度超过家庭经营净收入的44.8%。随着工业化和城市化的发展，由农业解放出来的大量农民选择在本地乡镇企业工作成为本地农民工，抑或是从农村转移到城市，在城市地区从事工业或服务业成为外出农民工，随着工资性收入的比重逐步提高，农村居民收入也逐步上升。

如果将城市地区和农村地区分开来看，在农村地区自然会将农业放在主导地位，因此从农村居民收入来源来看，家庭经营净收入所占比例高于工资性收入。近年来，以工业和建筑业为中心的第二产业，以批发和零售业，住宿和餐饮业，交通运输、仓储和邮政业为中心的第三产业有了长足发展。譬如，山东省农村居民家庭经营净收入中，2016年[①]为6267元，从第一产业获得的净收入为3806元，占总收入的60.7%；从第二产业获得的净收入为468元，占总收入的7.5%；从第三产业获得的净收入为1993元，占31.8%。而在2010年从三大产业中获得的净收入分别为2605元、228元和654元。与2010年相比，2016年从三大产业获得的净收入的增长率分

[①] 因为以下山东省农民工的相关数据是2016年，在此部分统一使用2016年的数据进行横向比较，以下也相同。

别为39.5%、86.9%和174.5%。同样，2016年农村居民的工资性收入为5569元，而2010年农村居民的工资性收入为2958元，与2010年相比，2016年农村居民的工资性收入的增长率为88.3%。这里的工资性收入主要来自非农产业，也就是第二产业和第三产业。城市地区的第三产业比农村地区发展更快，因此城市地区的第三产业吸引了大量的农村剩余劳动力。

通过对2016年农村住户人口和就业状况的调查，在选取的农村住户人口15919人样本中，从事第三产业的农村居民占总就业劳动力人数的26.2%，而外出劳动力即外出农民工中从事第三产业的比重为38.8%。根据《2016年山东农民工监测调查报告》，2016年外出农民工在省内就业者占农民工总数（2420万人）的82.6%，外出农民工从事第三产业比重为43.8%，可以推算出省内就业的农民工中有875.5万人从事第三产业。而且从近几年的调查数据来看，农民工从事第三产业的比重逐年提高，2014—2016年，分别提高了1.2%、1.6%和1.1%。其中，2016年本地农民工从事第三产业的比重提高了0.6%，外出农民工从事第三产业的比重提高了2%。从行业上来看，农民工从事第三产业的比重，批发和零售业占11.9%，居民服务、修理和其他服务业占10.6%，交通运输、仓储和邮政业占7.0%，住宿和餐饮业占4.8%。结合2016年城市地区第三产业，分为城镇单位和城镇私营单位的平均工资来看，城镇单位的批发和零售业，居民服务、修理和其他服务业，交通运输、仓储和邮政业，住宿和餐饮业的就业人员平均工资分别为47572元、44511元、70509元、42496元，而城镇私营单位同行业就业人员平均工资分别为45823元、48725元、53171元和43503元。根据《2016年山东农民工监测调查报告》来看，2016年外出农民工的人均月收入为3491元，即年平均收入为41892元，这是综合了第二产业和第三产业的平均工资，对比可以看出农民工从事第三产业比重较高的行业都超过了外出农民工的平均收入，也就意味着农民工从第三产业中获得的收入是相对较高的。

在城市地区，随着产业分工合作的开展，第三产业就业人员的平均工资远高于第二产业就业人员的平均工资。在城市地区的外出农民工多集中于城镇私营单位中，城镇私营单位中第三产业的平均工资比城镇单位更能代表外出农民工的工资水平。第三产业中平均工资前三名的行业分别为金融业53183元，交通运输、仓储和邮政业53171元，科学研究和技术服务业50819元，最低的是住宿和餐饮业43503元。与之相比，第二产业就业人员的平均工资分别为采矿业47485元，制造业48488元，电力、燃气及水的生产和供应业52674元，建筑业50069元。虽然城镇私营单位中第二产业就业人员的平均工资也相当高，但与第三产业相同，对技术含量要求较高，需要大量的熟练技术劳动者，这些对技术含量要求高的行业或正规部门中聚集了大多数城市居民，而农民工多集中在技术含量要求较低的行业或非正规部门，但从第三产业整体来看，各行业的平均工资水平较高，因此农民工向第三产业的集中有利于其收入水平的提高。

综上所述，促进第三产业的发展，是增加就业机会的捷径。虽然第二产业也可以吸纳大量农村剩余劳动力，但第二产业中的一些行业对于劳动者有一定的技能要求，而相比之下，第三产业可以吸纳大量低技能劳动者，创造更多的就业机会。随着第三产业比重的增加，各种就业机会也随之涌现，可以更好地实现劳动力资源的优化配置。总之，无论在城市地区还是在农村地区，第三产业对农村居民及农民工的收入增长都会有积极的贡献，因此可能有利于缩小城乡收入差距。

（三）社会保障支出的影响

2018年社会保障和就业支出占地方财政支出的12.4%。社会保障支出通过调节城乡居民收入分配进而影响了城乡收入差距。社保障支出的增加扩大了城乡收入差距,是因为实施了偏向城市的社会保障政策。以户籍制度为前提的社会保障制度,将城市和农村区分开来,城市居民除了农村的养老保险和医疗保险之外,还加上了工伤保险、生育保险和医疗保险,而农民工虽然移居到城市,但也不会享受与城市居民相同的工伤保险和医疗保险。一般而言,社会保障支出会通过社会保险、社会福利、社会救济等方式发挥其收入再分配功能。农村居民的社会保障结合个人所得税,能够在一定程度上调节城乡收入差距,但是由于农村地区的社会保障制度较为落后,农村居民获得的社会保障金低于城市居民。

根据表6—5,2010年城乡居民的人均最低生活保障支出分别为2180元和904元。尽管农村居民(242.6万人)参与的人数众多,但人均最低生活保障远小于城镇居民[①](67.6万人)。2010年的城镇居民和农村居民人均最低生活保障支出占城镇居民和农村居民平均收入的比重分别为10.9%和9.2%。2011年城镇基本养老保险与农村社会养老保险相比,城镇职工参加人数为1335万人,而农村居民的参加人数仅为172.9万人[②]。此外,农村居民在2012年的养老保险未参与率达到21.9%[③]。根据表6—6,2018年山东省城镇居民最低生活保障标准为6408元,而农村居民最低生活保障标准为4583元,即使考虑到物价水平因素,城乡低保水平差距依旧较大。根据《山东统计年鉴2018》(《山东统计年鉴2019》没有相关数据),得知2017年对农村住户人口15965人进行调查的结果,从参加养老保险的情况来看,参加农村社会养老保险的有8287人,占比51.9%;参加城镇基本养老保险的有2087人,占比13.1%;从参加医疗保险的情况来看,参加农村新型农村合作医疗的有8640

---

① 此部分使用"城镇"的表述,是根据参考文献数据的表述方法。下同。
② 根据中国社会科学院人口与劳动经济研究所《中国人口年鉴2010》。
③ 根据《山东统计年鉴2013》,对农村居民4200户样本的调查结果。

人，占比54.1%；参加城镇医疗保险的有2158人，占比13.5%。而与之相比，参加城镇职工养老保险的有2660.9万人，占城镇就业人员3231.4万人的82.4%，由于医疗保险中新型农村合作医疗的人数也并入在内，所以无法区分开来。虽然城乡选取样本人数差异较大，但仍旧可以说明问题。可以看出，农村居民参加养老保险和医疗保险的人数比例虽然在逐年增加，但是仍旧较城镇居民比例偏低，城乡社会保障水平仍然存在一定差距。

表6—5　　　　山东省城乡居民最低生活保障的人均支出

年份	城镇居民最低生活保障			农村居民最低生活保障		
	人数（万人）	支出（万元）	人均支出（元）	人数（万人）	支出（万元）	人均支出（元）
2006	62.2	62068	997	48.2	1773	371
2007	61.1	77172	1263	172.2	53246	309
2008	60.7	101000	1664	187.6	107356	572
2009	61.3	126922	2064	200.3	161688	807
2010	67.6	147345	2180	242.6	219387	904

资料来源：根据山东省统计局、国家统计局调查山东省调查总队编《山东统计年鉴2007—2011》整理计算得出。

表6—6　　　　山东省城乡居民最低生活保障的年人均保障标准

年份	城镇居民最低生活保障		农村居民最低生活保障	
	人数（万人）	年人均保障标准（元）	人数（万人）	年人均保障标准（元）
2009	61.3	3144	200.3	1211
2010	67.6	3480	242.6	1431
2011	61.7	3816	240.5	1693
2012	53.0	4440	250.7	2214

续表

年份	城镇居民最低生活保障		农村居民最低生活保障	
	人数（万人）	年人均保障标准（元）	人数（万人）	年人均保障标准（元）
2013	48.7	5052	259.9	2510
2014	44.6	5424	258.2	2990
2015	37.2	5664	237.4	3391
2016	30.9	5964	217.7	3806
2017	23.8	6192	181.7	4249
2018	15.9	6408	117.1	4583

资料来源：根据山东省统计局《2009—2018年山东省国民经济和社会发展统计公报》整理计算得出。

根据《山东统计年鉴2019》，2018年城镇居民和农村居民的转移净收入中，城镇居民和农村居民的养老金或离退休金收入分别为7291元和1144元，社会救济和补助收入分别为50元和56元，养老金或离退休金收入与社会救济和补助收入之和分别占城镇居民和农村居民年平均收入比重的18.4%和7.4%，由此可以看出，城镇居民和农村居民之间转移性净收入的差距是非常大的。而同年城乡人均社会保障支出分别为1999元和457元，其比值达到4.37∶1，超过人口总数一半的农村居民只是享受到了城镇居民四分之一的社会保障待遇。就社会保障的资金来源来看，以社会养老保险为例，城镇职工养老保险采取"个人与企业共同承担"原则，个人出资比例的资金主要来源于企业国家的补贴；农村养老保险资金的筹集本着以"个人出大头，集体拿小头，国家给予一定的补贴"原则，个人出资比例较高，集体补助和政府补助相当有限。此外，对于进城务工的农民工来说，大部分企业没有为他们缴纳"五险一金"，这直接损害了他们享受社会保障的权益，增加了他们进城务工的成本[①]，间接拉大了城乡收入差距。

综上所述，城乡之间养老保险、最低生活保障等在社会保险及社会救济制度上的差距间接扩大了城乡收入差距。虽然近年山东省陆续出台了一系列城乡社会保障一体化改革的方案，但由于偏向城市的社会保障政策的惯性，目前还没有对收入再分配起到强有力的调节作用，反而可能进一步扩大了城乡收入差距。

（四）教育支出的影响

2018年教育支出占地方财政支出比重为19.9%。在教育支出方面，一直以来存在农村义务教育供给上的不足。1986年9月由国家教育委员会颁布的《关于实施义务教育若干问题的意见》（以下简称为《意见》）中规定，"在城镇，义务教育设施应当列入城镇建设规划，并与当地实施义务教育规划相协调。凡国家举办的中小学和各级各类师范院校新建、扩建、校舍所需投资，按照学校隶属关系，列入主管部门基本建设投资计划，并予以照顾。农村中学校舍建设投资，以乡、村自筹为主"。这一《意见》反映了城乡在基础教育这一公共服务领域中的差异。也就是说，城市的中小学是国家兴办的学校，资金由国家和地方财政筹集，而农村中小学资金则由乡镇政府负责筹集。其结果是，分配给农村义务教育的财政预算往往不足，中小学的运营经费几乎是自理。在农村，从校舍的修建、修缮，桌椅等设备的购置，到学校自聘的民办教师的工资都由农民子弟筹集的学费和各种学杂费等支出。因此，农村学生的退学率远高于城市，而农村小学的教学设施和教育质量也远不及城市。

针对这种全国范围的农村义务教育的落后，在2005年7月，

[①] 王娜：《"新型都市化"過程における農業移転人口の市民化問題の研究》（谷口洋志编著：《中国政治经济的构造的转换》），中央大学出版部2017年版。

山东省财政厅和教育厅发布《关于对农村义务教育阶段贫困家庭学生实施"两免一补"工作的意见的通知》,决定自2005年秋季开学起,对农村义务教育阶段的部分贫困学生实施"两免一补"政策(免课本费、学杂费、补助寄宿生生活费)。随后在2006年4月,山东省财政厅和教育厅发布《关于对享受城市居民最低生活保障政策家庭的义务教育阶段学生实施"两免一补"工作的意见》,决定自2006年秋季开学起,对享受城市居民最低生活保障政策家庭的义务教育阶段学生实施"两免一补"政策。作为免除学杂费的标准,中学每学年每人300元,小学每学年每人210元。免除学杂费的资金由省、市、县三方共同承担,承担比例根据各市财力状况计算。并免费向贫困家庭学生提供教科书,对贫困家庭寄宿学生提供生活补助费,每学年每人最低300元。根据各市财力状况由省政府拨款,由地方政府进行校舍的修缮,教师工资全额纳入县(市、区)财政预算,统一县内教师工资水平。从2007年以后,农村中小学的财政支出全部纳入县级政府财政预算,县(市、区)教育行政部门对农村中小学实施统一的财务管理。2011年,免除学杂费标准提高到初中800元、小学600元,贫困家庭寄宿学生生活费补助标准分别提高到1000元和750元①。

虽然政府在义务教育上采取措施平衡城乡的教育支出,但是对城市教育支出仍然存在资金倾斜和政策倾斜,使优质教育资源和教育机会都集中在城市,而农村地区则面临师资力量差和教学资源不足的窘境。2016年山东省初中在校生人数中,城区(含主城区、城乡结合区)在校生人数是农村在校生人数的4.6倍,城区的初中学校数量是农村的2.2倍。从师资状况来看,城区初中专任教师本

---

① 山东财政厅:《山东省农村义务教育经费保障水平明显提升》,2012年3月9日,中华会计网校(http://www.chinaacc.com/new/184_900_201203/09hu794576392.shtml)。

科及以上学历比例达到93.68%高于农村85.07%，城区初中专任教师本科及以上学历人数是农村的4.4倍。从教学资源来看，城区初中多媒体教室是农村的4.0倍，教学仪器设备资产值是农村的5.5倍[①]。可见，教育资源和师资上的差距导致山东省城乡之间基础教育水平存在较大差距。

另外，政府还致力于农村成人教育。2003年11月山东省人民政府办公厅公布了《山东省人民政府关于加快农村教育改革和发展的决定》，规定"市、县（市、区）政府在各地设立成人学校和职业技术训练中心，将重点放在农村成人教育和职业技术教育上"。由表6—1可知山东省农村居民收入主要以家庭经营净收入和工资性收入为主。从家庭经营净收入来看，在农业生产的同时，可以拓展多种生产经营方式，增加第二产业和第三产业的非农业化经营收入。但是，由于农民从事非农业经营需要相关知识、技能、经验等，所以增收并不容易。工资性收入也是农村居民的主要收入来源之一。工资性收入的多寡取决于劳动能力和劳动贡献度，除非拓宽农民工资性收入的渠道，否则也很难提高收入。通过增加教育、科学技术的资金投入，可以促进农业生产的技术革新，提高劳动者的劳动技能和劳动生产率，也关系到农村劳动者的就业竞争力和农业生产效率，最终也能提高农民的收入。

综上所述，政府可以通过增加教育支出，对农村义务教育提供资金补助，或者提供优质教育资源去改善农村教育环境，也可以通过加强成人教育和职业技能培训提高农村劳动者技能。虽然这些措施，在短期内也可能提高农民收入，或许能在一定程度上缩小城乡收入差距。但是，一般而言，教育投资是一项长期投资，可能需要花费十年、二十年乃至更长的时间才能最终反映到农民收入上。仅

---

① 根据中华人民共和国教育部发展规划司编《中国教育统计年鉴2017》。

从目前来看，政府的教育支出可能在短期内很难对城乡收入差距产生积极作用。

（五）外商直接投资的影响

在第二章中，已经讨论了经济全球化和城市化。正是由于受到全球化的影响，有可能扩大收入差距。

外商直接投资之所以对山东省省内城乡收入差距产生显著正向影响，可能是因为投资地区的选择偏向于城市，而外商直接投资集中在城市更有利于提高城市居民的收入。2010年山东省外商直接投资在城市地区与农村地区比值为5.83∶1[①]，其集中度体现了资本对投资地区和劳动力的选择。关于投资地区的选择，多是从发挥地区比较优势的视角出发，会倾向于选择产业集聚度和经济活跃度高的城市进行投资，因为城市地区具备规模经济并拥有完善的基础设施。在劳动力的选择上，比起一般的劳动者会选择技术熟练的劳动者，倾向于雇用高质量的技术人员和优秀的经营管理者。因此，经济发达的城市地区优于经济相对落后的农村地区，城市劳动者可能比农民更受欢迎，鉴于这样的选择，外商直接投资可以有效提高城市居民收入。根据《山东统计年鉴2019》，从2018年山东省各地级市利用外商直接投资情况来看，实际利用外资额居前三位的是青岛、济南和烟台，三市合计占全省的68.5%，而且这三个地级市在同年名义GDP省内排名也是前三位。从不同产业来看，第一产业、第二产业和第三产业在实际利用外资额中所占比重分别为2.2%、49.7%和48.1%。从以上可以看出，山东省的外商直接投资大多集中在经济发达地区和城市中的第二产业和第三产业部门，因此可能对城市居民的收入产生积极影响。

另外，从产业角度去分析外商直接投资对省内城乡收入差距产

---

① 根据《山东统计年鉴2011》，在之后的年鉴中没有显示相关数据。

生的影响时，可以发现，2018年第二产业中的制造业接受外商直接投资为44.7%，基本上聚集了第二产业外商直接投资总额的89.9%，而在第三产业中颇受外商直接投资青睐的依次是房地产业（占第三产业外商直接投资总额的45.9%，以下相同）、批发和零售业（21.0%）、租赁和商务服务业（9.5%）、科学研究和技术服务业（7.7%）。同年城镇事业单位制造业平均工资为63247元，第三产业中，房地产业、批发和零售业、租赁和商务服务业、科学研究和技术服务业的平均工资依次是65454元、56654元、64289元、93662元，第三产业除了批发和零售业以外的其他行业平均工资都高于制造业，而且在制造业中相对较高收入群体也是熟练技术劳动者，进城务工者的被选择可能性相对较低。所以从这个角度来考虑，受外国资本直接投资影响而提高收入的群体更倾向于第二产业和第三产业中的城市居民劳动者。

综上所述，城市地区聚集了符合外商直接投资要求的产业，再加上外商直接投资对于劳动者资质和能力的要求，这些都决定了外商直接投资对于提高城市居民收入更为有利，因此可能间接地扩大了城乡收入差距。

四 结论与启示

从本章对山东省城乡收入差距影响因素的实证分析中，可以得到以下几点结论。

第一，从城乡收入差距影响因素的实证分析结果来看，城市化的推进和人力资本水平的提高会缩小城乡收入差距，而教育支出和社会保障支出占财政支出比重的增加并没有对缩小城乡收入差距起到积极作用，反而是扩大了城乡收入差距，经济增长也扩大了城乡收入差距。第三产业比重的增加会缩小城乡收入差距，而第二产业比重的增加会扩大城乡收入差距。另外，外商直接投资的增加会扩大城乡收入差距。

　　第二，推动城市化的发展是促进产业集聚、提高居民收入、缩小城乡收入差距的先决条件。不仅要发展大中城市，而且也要发展小城镇，以大中城市带动小城镇和周边地区，有利于优化劳动力资源的配置。而促进第三产业的发展，是增加就业机会的捷径。虽然第二产业也可以吸纳大量农村剩余劳动力，但第二产业中的一些行业对于劳动者有一定的技能要求，而相比之下，第三产业可以吸纳大量低技能劳动者，创造更多的就业机会。无论在城市地区还是在农村地区，第三产业对农村居民及农民工的收入增长都会有积极的贡献，有必要进一步降低第三产业的就业门槛以增加第三产业的就业机会。在社会保障方面，虽然近年山东省陆续出台了一系列城乡社会保障一体化改革的方案，但由于偏向城市的社会保障政策的惯性，目前还没有对收入再分配起到强有力的调节作用，还需要切实贯彻城乡一体化改革，保障农民的切身利益。在教育方面，政府要增加教育支出，对农村义务教育提供资金补助，或者提供优质教育资源去改善农村教育环境，实现城乡教育资源均等化。同时，通过加强成人教育和职业技能培训，提高农村居民和农民工增加收入的可能性。另外，农村地区要借助聚集在城市地区的外国资本的溢出效果，承接城市地区外商投资的扩散效应，将自己的优势产业与其有效结合，积极发展农村特色产业；也可以在农村地区积极进行招商引资，以现代化农业吸引外商直接投资，促进农村现代化的发展。

第七章

缩小收入差距的对策

本章基于第二章至第六章主要研究结论的基础上，探讨全球化和城市化的课题及其对策，同时，根据现阶段影响山东省城乡收入差距的原因，提出缩小城乡收入差距的对策。

第一节 研究的主要结论

一 中国收入差距的演变

（一）中国区域经济差距的演变

改革开放以来，中国整体区域差距和区域间差距自1991年起持续扩大至2003年，并于2004年以后逐渐缩小，2014年以后再度呈现扩大趋势。

首先，从基于人均名义GDP的区域差距来看，1978—2018年，无论是三大区域还是四大区域，东部与中部、东部与西部的人均名义GDP区域差距均呈现出基本相同的趋势，区域差距先扩大后缩小，近年东西部差距和东中部差距出现趋同的收敛趋势。而且无论三大区域还是四大区域，东部与西部的区域差距最大，唯独东部与东北部差距一直呈现上升趋势。具体从三大区域来看，自1978年起，东部与西部差距，东部与中部差距一直至2003年达到最大值，随后逐渐缩小；从四大区域来看，东部与西部差距、东部与中部差距也分别于2003年达到最大值，而东部与东北部差距直至2018年达到最大值。

其次，从基于变异系数的区域差距来看，1978—2018年，考察省间经济差距的变异系数和最大最小比值的变化趋势时，发现省间的人均名义GDP差距自1978年至1990年不断缩小，而从1990年开始延续至2005年不断扩大，之后再度呈现缩小趋势。而排除人均名义GDP较高的上海、北京和天津后发现，1990年以后整体呈现出与未排除前几乎相同的变化趋势，并于2006年以后变异系数和最大与最小比值都有了大幅度的下降。省间经济差距从1978年开始至1982年不断缩小，随后从1983年开始至2006年呈现扩大趋势，在2007年以后，再次呈现缩小趋势。

最后，从基于泰尔指数的区域差距来看，1978—2018年，考察三大区域、四大区域的组间差距和组内差距的变化状况，以及组内差距中东部、中部、西部和东北部各自对全体差距变化影响的贡献率时，发现三大区域与四大区域的变化趋势基本一致，如果从三大区域的分析来看，区域差距经历了四个阶段：在1978—1990年，区域差距缩小的原因主要是三大区域组内差距下降；1990—2003年，区域差距扩大的原因主要是三大区域组间差距扩大；2003—2014年，区域差距缩小的原因是三大区域组间和组内差距同时下降；而2014年以后区域差距再次扩大的原因是三大区域组内差距扩大。

（二）中国城乡收入差距的演变

首先，考察改革开放以后全国整体的城乡收入差距。基于1978—2018年城市家庭人均可支配收入和农村家庭人均纯收入比率的变化趋势，从长期来看，截至1982年城乡收入差距不断缩小，而在1984—2009年，城乡收入差距基本上一直呈现扩大趋势，仅在1994—1997年呈现一时缩小趋势。2009年城乡收入差距达到最高值，随后再度呈现逐渐缩小的趋势。

其次，考察31个省份城乡收入差距。基于1978—2018年31个省份城市家庭人均可支配收入和农村家庭人均纯收入的变异系数来看，两者变化趋势几乎相同，均呈先扩大后缩小的趋势，特别是2006年以后农村家庭的变异系数呈现明显缩小趋势。从整体来看，农村家庭人均纯收入变异系数高于城市，因此农村家庭收入的省际不平等程度高于城市家庭。基于1990—2018年31个省份城市家庭人均可支配收入和农村家庭人均纯收入的基尼系数，从长期趋势看，城市和农村收入的省际差距均呈扩大趋势，农村未加权基尼系数高于城市，而农村加权基尼系数要低于城市。从城市家庭人均可支配收入的省际差距看，未加权基尼系数和加权基尼系数呈现完全不同的变化趋势，未加权基尼系数所反映的差距是从1990年开始扩大后，没有太大的变化。然而，加权基尼系数所反映的差距持续扩大至2006年，2006年达到最高值，之后缓慢缩小。从农村家庭人均纯收入的省际差距来看，未加权基尼系数和加权基尼系数走势基本相同，自1990年起上升后趋于稳定，近年略有下降。比较城市家庭和农村家庭收入的加权基尼系数，省际收入差距在2007年以后均有缩小的倾向。另外，对比1978—2018年各省城乡间收入差距，城乡间收入差距从1985年至2000年持续扩大，一度缩小后再次扩大并于2005年达到峰值，之后开始呈现缩小趋势。

最后，考察城乡收入阶层差距。以城市收入阶层和农村收入阶层的基尼系数为指标，考察1995—2018年城市居民收入差距和2001—2018年农村居民收入差距的现状。从城市各收入阶层的比重，可以看出高收入户和低收入户之间的差距由扩大逐渐转为缩小。结合城市收入阶层基尼系数来看，也能发现城市居民收入差距呈现由扩大转为缩小，2016年以后再次扩大的趋势。从农村各收入阶层的比重,可以看出高收入户和低收入户之间的差距也很大。结合农村收入阶层基尼系数,可以发现农村居民收入差距自2001年起呈现缓慢扩大的趋势,2013年以后才有较为明显的扩大趋势。

二 山东省收入差距的现状

（一）山东省的区域差距

首先,从人均名义GDP的区域差距来看,1978—2018年,以山东省东部与中部,以及东部与西部的人均GDP比率,来考察山东省三大区域17个地级市间的差距。可以看出东部与中部,以及东部与西部的人均名义GDP差距呈现出大致相同的趋势。即呈现从1978年到1983年前后逐渐缩小,又从1984年至1994年前后逐渐扩大,之后逐渐缩小的趋势。而且东部与西部地区差距高于东部与中部地区差距。另外,通过考察1978—2018年山东省17个地级市的人均名义GDP差距,发现截至1995年,全省17个地级市的人均名义GDP变异系数和最大最小比值均呈现出基本相同的变化趋势。地级市间差距从1978—1990年呈现反复下降后上升的趋势,并于1991年后再次上升,直至2005年后再次下降。同时发现除东营市以外的16个地级市基于人均名义GDP的变异系数和最大最小比值的差距从1983年开始逐渐扩大至2003年,之后开始逐渐缩小,于2013年后再次呈现扩大趋势。

其次,从基于泰尔指数的区域差距来看,1978—2018年考察山东省三大区域组间和三大区域组内的泰尔指数时,从整体来看,全体与三大区域间的泰尔指数均不断扩大和缩小,呈现出大致相同的变化趋势。自1986年以后,区域组间差距超过了区域组内差距。从全体的泰尔指数来看,区域差距在1978年至1983年逐渐缩小后,一直扩大到1993年,自1994年开始再次呈现缩小后扩大的趋势，并于2000年以后再次呈现缩小趋势。而从三大区域组间的泰尔指数来看，区域组间差距同样从1978年至1983年逐渐缩小，之后从1984年至1994年转为扩大，此后又呈现缩小趋势，并于1997年开始再次呈现扩大后缩小的趋势；从三大区域组内的泰尔指数来看，自1985年开始逐渐缩小，1991年开始逐渐扩大至2006年，之后呈现缩小趋势。

最后，考察产业结构的区域差距时，主要基于三大产业特化系数来进行分析。从第一产业来看，西部地区的产业特化系数最高，超过全省平均水平。而东部地区的产业特化系数最低，低于全省平均水平。从第二产业来看，东部地区的特化系数一直处于全省的平均水平之上，中部和西部地区的特化系数持续上升，特别是中部地区的特化系数从2005开始超过全省的平均水平，2007年以后更是超过了东部。近年来中部和西部特化系数也已逼近全省的平均水平。从第三产业来看，东部地区特化系数一直位于最高值，而且高于全省平均水平。而中部和西部地区的特化系数从20世纪90年代开始呈上升趋势，但尚未超过全省平均水平。综合来看，可以得出第一产业偏向西部，第二产业偏向东部和中部，第三产业偏向东部的结论，因此，可以说明东部和中部的产业结构更为高度化。

(二) 山东省的城乡差距

首先，考察山东省城乡收入差距。从1978—2018年山东省城市家庭人均可支配收入和农民家庭人均纯收入的比率来看，城乡人均收入相对差距从1978年起至1983年缩小后，直至1993年呈扩大趋势，之后再次缩小后扩大，2009年开始呈现逐渐缩小的趋势。基于总体趋势来看，山东省的城乡收入相对差距呈现长期扩大的趋势，但近年略有缩小。而从2000—2009年的基尼系数来看，城市收入各阶层之间的收入差距呈现先扩大后缩小的趋势，但从最高、最低收入阶层间的平均收入比率来看，除了2000年和2001年之外，高收入阶层和低收入阶层的收入差距都较大。

其次，考察山东省地级市内城乡收入差距。在2000—2018年，城乡家庭平均收入加权基尼系数呈现相似的变化趋势，反复扩大和缩小，整体看来有扩大的倾向。城市家庭平均收入的基尼系数高于农村，即各地级市的城市家庭收入差距在此期间超过了农村家庭收入差距。各地级市农村家庭平均收入差距至2008年呈扩大趋势，之后有所缩小，2014年以后再次呈扩大趋势。从城乡家庭平均收入未加权基尼系数来看，截至2014年城市居民收入差距基本上呈现逐步缩小趋势，而2014年以后呈现急剧扩大的趋势，相比之下，农村居民收入差距基本上一直呈现缩小趋势。基于变异系数和最大与最小比值比较各地级市城乡居民平均收入差距，发现城市居民平均收入差距呈现出几乎相同的缩小后又扩大的变化趋势，特别是在2014年以后出现了急剧扩大的趋势。而农村居民平均收入差距也几乎呈现相同的扩大后缩小的变化趋势，均从2003年以后呈缩小趋势。比较城乡居民平均收入变异系数，可以看出2014年以前农村居民平均收入差距几乎都高于城市，而在2014年以后城市居民平均收入差距反超过农村。另外，通过考察各地级市城乡之间收入差距发现，各地级市城乡间收入差距在2000年以后趋于平稳，并略有扩大趋势，并在2009年之后趋于缩小。最后，基于泰尔指数考察城乡收入差距时，从总体来看，城乡收入差距自2000年开始至2009年一直呈现扩大趋势，之后逐渐缩小，2015年小幅扩大之后再次缩小。城乡间收入差距基本与整体的城乡收入差距的变化趋势一致，均高于城市内部和农村内部差距，但在2009年之后一直呈缩小趋势。城市内部和农村内部差距自2000年开始基本上呈现缩小趋势，但城市内部差距也在2015年之后呈现小幅扩大趋势。通过分解城乡收入差距，可以看出城乡间收入差距的贡献率最大，可以推测，2015年前城乡收入差距的变化主要是由城乡间收入差距引起的，但2015年以后的变化很有可能是由城市内部收入差距带来的。

（三）山东省的县际差距

从人均名义GDP的县际差距、职工平均工资的县际差距和农民人均纯收入的县际差距来看，可以总结出以下几点。

首先，基于基尼系数和变异系数来看，人均名义GDP的县际差距呈现扩大趋势；职工平均工资的县际差距一度呈现扩大趋势，但近年来呈现缩小趋势；农村人均纯收入的县际差距也是截至2003年一度呈现扩大趋势，之后一直呈现持续缩小趋势。无论从基尼系数还是从变异系数来看，职工平均工资和农民人均纯收入的县际差距都较小，而人均名义GDP的县际差距较大。

其次，从省内县际差距来看，2010年的最大和最小县的比率中，人均名义GDP的比率最大，而农村人均纯收入的比率最小。人均名义GDP最高的是烟台长岛县，最低的是菏泽曹县。职工平均工资最高的是济宁邹城市，最低的是德州庆云县。2018年农民人均纯收入最高的是青岛崂山区，最低的是济宁泗水县。

最后，从地级市内县际差距来看，人均GDP的地级市内县际差距较大，而农民人均纯收入的地级市内县际差距较小。2010年人均GDP县际差距最大的是烟台市，最小的是日照市；职工平均工资县际差距最大的是济宁市，最小的是威海市；2018年农民人均纯收入县际差距最大的是济宁市，最小的是聊城市。

三 实证研究相关结论

（一）区域经济差距的影响因素与溢出效应

通过面板数据模型对区域经济差距影响因素的分析，首先在缩小区域经济差距的方面，主要受到人力资本水平、产业结构、市场开放度、财政支出的影响。其次在扩大区域经济差距的方面，主要受到城市化水平、劳动力资本、物质资本存量、第二产业发展的影响。

基于面板数据模型对区域经济差距溢出效应的分析，首先，从经济溢出效应对区域经济差距的影响效果来看，可以发现东部地区除自身外，其他省份的经济增长对东部地区的溢出效应，促进了区域经济差距的收敛，而东部地区的经济增长对中西部地区的溢出效应扩大了区域经济差距。其次，以 2000 年和 2008 年为时间分界点，可以看出 2000 年以后西部大开发战略的实施促进了区域经济差距的收敛，其政策效应超过了东部地区的经济溢出效应对区域经济差距的影响；而 2008 年以后政府对西部地区的政策扶助扩大了区域经济差距，东部地区的经济溢出效应掩盖了政策效应对区域经济差距的影响。

东部地区的省份多为经济发达区域，以第三产业中的高技术密集型产业为基础，大力发展服务业，优越的地理区位优势有利于吸引外资，扩大了市场开放度，由此带来的规模经济效应又吸引了更多的人才和企业进一步集聚。因此，不应该一味地依靠政府的政策倾斜和投资驱动机制来带动中西部地区经济增长，中西部应该多依靠自身的比较优势，发展与本地自然地理条件和经济环境相适应的产业；也不应过多期待依靠东部地区各省的经济增长带动中西部地区的经济发展。东部地区经济发达省份或大城市应该适度适时地放开人口控制政策，为来自中西部地区的外来务工人员提供更多就业机会，满足其住房需求和公共服务需要，提高居民的人均收入水平，最终实现区域经济"在集聚中走向平衡"的发展目标[①]。

（二）山东省城乡收入差距的影响因素

从城乡收入差距的影响因素的实证分析结果来看，城市化的推

---

① 陆铭：《城市、区域和国家发展——空间政治经济学的现在与未来》，《经济学》（季刊）2017 年第 4 期。

进和人力资本水平的提高会缩小城乡收入差距，而教育支出和社会保障支出占财政支出比重的增加并没有对缩小城乡收入差距起到积极作用，反而是扩大了城乡收入差距，经济增长也扩大了城乡收入差距。第三产业比重的增加会缩小城乡收入差距，而第二产业比重的增加会扩大城乡收入差距。另外，外商直接投资的增加会扩大城乡收入差距。

推动城市化的发展是促进产业集聚、提高居民收入、缩小城乡收入差距的先决条件。不仅要发展大中城市，而且也要发展小城镇，以大中城市带动小城镇和周边地区，有利于优化劳动力资源的配置。而促进第三产业的发展，是增加就业机会的捷径。虽然第二产业也可以吸纳大量农村剩余劳动力，但第二产业中的一些行业对于劳动者有一定的技能要求，而相比之下，第三产业可以吸纳大量低技能劳动者，创造更多的就业机会。无论在城市地区还是在农村地区，第三产业对农村居民及农民工的收入增长都会有积极的贡献，有必要进一步降低第三产业的就业门槛以增加第三产业的就业机会。在社会保障方面，虽然近年山东省陆续出台了一系列城乡社会保障一体化改革的方案，但由于偏向城市的社会保障政策的惯性，目前还没有对收入再分配起到强有力的调节作用，还需要切实贯彻城乡一体化改革，保障农民的切身利益。在教育方面，政府要增加教育支出，对农村义务教育提供资金补助，或者提供优质教育资源去改善农村教育环境，实现城乡教育资源均等化。同时，通过加强成人教育和职业技能培训，提高农村居民和农民工增加收入的可能性。另外，农村地区要借助聚集在城市地区的外国资本的溢出效果，承接城市地区外商投资的扩散效应，将自己的优势产业与其有效结合，积极发展农村特色产业；也可以在农村地区积极进行招商引资，以现代化农业吸引外商直接投资，促进农村现代化的发展。

第二节　应对全球化和城市化的课题及其对策

一直以来，由于中国拥有比发达国家更丰富的劳动力，所以被称为"世界的工厂"。然而，近年来，中国已由"世界的工厂"逐渐变为"世界的市场"，劳动密集型产业逐渐向资本和技术、知识密集型产业转化，并且也已经从低收入国家步入中等收入国家，但却被指出已陷入"中等收入陷阱"[①][②]。"中等收入陷阱"的表现是剩余劳动力的减少，产业高度化的停滞和贫富差距的扩大等经济增长制约因素的日益凸显。发展中国家在步入中等收入国家后，由于经济发展所需的资源、土地、劳动力等生产要素成本的急剧上升和边际生产率的下降，传统的劳动密集型产业的比较优势正在逐渐消失。而且，随着劳动力成本的上升，人口红利（有利于经济增长的人口因素）也在逐渐消失，"民工荒"所指的外出务工者的不足也从沿海地区向内陆地区延伸。劳动力市场上的农民工由过剩逐渐变为短缺，这一变化是否也暗示着"刘易斯拐点"的临近？

第二章简述了全球化和城市化的发展与收入差距之间的关系。本节就现阶段中国所面临的全球化、城市化等课题及其应对策略，以及山东省缩小城乡收入差距的对策进行探讨。

一　全球化的课题及其对策

随着全球化进程中产业内国际分工的推进，生产工序被细分化，在工业部门中熟练工人和非熟练工人的工资差距随之扩大。中

---

① 中等收入陷阱（Middle income trap），是世界银行在 2006 年发表的《东亚经济发展报告》中首先提出的概念。它是指一个国家的人均收入达到世界中等水平（人均 GDP 在 4000—12700 美元的阶段）后，由于不能顺利实现发展战略及发展模式的转变，导致新的增长动力特别是内生动力不足，经济长期停滞不前。

② 関志雄：《中国2つの罠：待ち受ける歴史の転機》，日本経済新聞出版社 2013 年版。

国的国际分工最初集中于低附加值制造业，具备依靠低工资、低成本劳动力的比较优势，因此具有集中于劳动密集型产业的倾向。劳动密集型产业对吸纳农村剩余劳动力具有重要意义，但随着非熟练劳动者比重的增加，反而阻碍了产业结构的转型和技术的进步。随着教育水平的提高，非熟练、低技能劳动者的比重会下降，同时可以实现由非熟练、低技能劳动者密集型产业向熟练、高技能劳动者密集型产业的转变。而且，中国东部沿海地区地理条件优越，使其成为制造业的发源地。东部地区利用引进外资和优惠政策等优势，再加上丰富的低成本劳动力的供给，增加了其参与国际分工的机遇，因此东部沿海地区逐渐发展成为劳动密集型产业的中心。

近年来，虽然中国制造业规模不断扩大，但仍未具备核心竞争力，研发、技术、营销、服务和专利等诸多高附加值仍被外资所把持。为了追求产业结构的高度化，面临劳动力成本上升的劳动密集型产业向后发地区（从东部沿海地区向中部和西部地区）转移的倾向，这就是所谓的"雁行发展模式"（Flying Geese Pattern）。蔡昉等认为2000—2007年，中部和西部地区承接东部沿海地区劳动密集型产业，理论上雁行发展模式可以适用于中国国内不同地区的发展[1]。在这种国际分工的发展过程中，利用各地区劳动力的比较优势，将劳动密集型部门向中部和西部转移的同时，在东部地区发展资本、技术密集型的高附加值部门，更容易发挥地区比较优势。短期内将东部的产业部门原封不动地转移到中部和西部地区，也可以直接回避国际贸易，并且可以按照以往方式将外资引进地理条件优越的东部地区，但是长期来看在中部、西部和东部地区的利益分配上可能会产生差距。

---

[1] 蔡昉、王德文、曲玥：《中国产业升级的大国雁阵模型分析》，《经济研究》2009年第9期。

中国已进入工业化和城市化快速发展的阶段，随着跨国企业的进出和外国资本的大量涌入，业已成为"世界的市场"。2008年世界金融危机之后，中国这种容易受到海外影响的依赖外资和出口的经济发展模式，不得不向扩大内需进而促进国内消费的经济增长模式转变。今后，为了抑制非熟练、低技能劳动者和熟练、高技能劳动者之间的工资差距的扩大，还需要进一步提高劳动者的教育水平和技术水平，进而提高劳动者整体的劳动生产率。另外，促使劳动密集型产业（低附加值产业）向资本、技术密集型产业（高附加值产业）的转变，不仅可以抑制区域间差距的扩大，也可以推动中国经济的可持续发展。

但需要注意的是，不是所有劳动密集型产业由东部地区转移到中部和西部地区，都能在中西部地区谋取一席之地。近年，中国面临劳动力成本的大幅度上升，在这种背景下，很多在东部沿海地区的劳动密集型产业直接转移到了东南亚劳动力成本更低的国家和地区。在全球化的机遇和挑战中，中部和西部地区需要因地制宜地发展当地比较优势产业，如发展当地拥有独特自然条件的产业、运输成本相对较低的产业或以内需为主的产业等。

二 城市化的课题及其对策

根据刘易斯二元经济结构模型预测，经济发展会伴随着一个劳动力过剩逐渐向劳动力短缺过渡的过程。当农业剩余劳动力逐渐被城市化和工业化过程吸纳后经济就会出现"刘易斯拐点"，此时劳动力短缺时代将来临，工资上涨趋势将会非常明显[1]。如果套用该理论，众所周知，中国从2004年之后也出现了明显的工资上涨趋

---

[1] Lewis, W. A., "Economic Development with Unlimited Supplies of Labor", *The Manchester School of Economic and Social Studies*, Vol. 22, No. 1, 1954, pp. 139-191.

势，城市地区（尤其是东部沿海地区）似乎也同时出现了劳动力短缺的现象。

　　围绕中国经济是否已经达到"刘易斯拐点"，引起了学界的争论。陆铭认为，劳动力短缺现象是由于 2003—2004 年中央开始对欠发达的中西部地区进行大规模财政转移支付，同时收紧东部和大城市的土地供应，导致东部沿海地区的房价上升，而房价上涨对工资产生溢出效应，传导到劳动力市场上，形成了劳动力供给增长相对缓慢而工资增长较快的现象[1]。这一现象恰恰出现在 2004 年之后的东部地区，换言之，2004 年之后突然出现的劳动力短缺现象主要发生在东部地区，与土地政策在当年的拐点有关，这只是一个政策意义上的拐点，而非"刘易斯拐点"[2][3][4][5]。另外，从收入差距的角度来看，一般来说，到达"刘易斯拐点"后，城乡差距也会急剧缩小。根据本书第四章的结论，尽管各省城乡间收入差距自 2006 年以后呈缩小趋势，但截至 2009 年全国的城乡收入差距有所扩大，因此也很难说已到达拐点。根据南亮进等提出的 5 个拐点判定标准，也可以认为中国还未达到"刘易斯拐点"，但是中国的农业比重大幅下降，农业人口减少，第二次产业和第三次产业的比重急速上升，加之人口红利也已经消失，必然会面对劳动力不足的局面，

---

[1] 陆铭：《城市、区域和国家发展——空间政治经济学的现在与未来》，《经济学》（季刊）2017 年第 4 期。

[2] 陆铭、张航、梁文泉：《偏向中西部土地供应如何推进了东部工资》，《中国社会科学》2015 年第 5 期。

[3] Liang, W., Lu, M. and Zhang, H., "Housing Prices Raise Wages: Estimating the UnexpectedEffects of Land Supply Regulation in China", *Journal of Housing Economics*, Vol. 33, 2016, pp. 70–81.

[4] Han, L. and Lu, M., "Housing Prices and Investment: An Assessment of China's Inland-Favoring Land Supply Policies", *Journal of the Asia Pacific Economy*, Vol. 22, No. 1, 2017, pp. 106–121.

[5] 陈斌开、黄少安、欧阳涤非：《房地产价格上涨能推动经济增长吗》，《经济学》（季刊）2018 年第 3 期。

近年来沿海地区出现的劳动力短缺，其原因在于户籍制度的存在[①]。

中国的户籍制度不仅成为阻碍经济增长的主要原因，也间接地扩大了城乡收入差距。要从中国特殊的二元经济结构中解放出来，需要逐步取消对农民的户籍歧视，建立统一的户籍制度。近年来政府陆续出台了一系列户籍制度改革的措施。2008年10月12日中国共产党第十七届中央委员会第三次会议通过了《中共中央关于推进农村改革发展若干重大问题的决定》（以下简称为《决定》）提出"城乡统筹一体化发展"的政策。《决定》中明确提出"在新形势下推进农村改革发展，要把加快形成城乡经济社会发展的一体化新格局作为根本要求"。

2014年7月30日国务院印发《关于进一步推进户籍制度改革的意见》（以下简称为《意见》）中，明确指出"建立城乡统一的户口登记制度。取消农业户口与非农业户口性质区分和由此衍生的蓝印户口等户口类型，统一登记为居民户口。建立与统一城乡户口登记制度相适应的教育、卫生计生、就业、社保、住房、土地及人口统计制度"。这个《意见》的出台，标志着自1958年以来实施的"农业户口"和"非农业户口"的二元户口管理制度终于退出历史舞台。另外，《意见》也指出，全面放开建制镇和小城市（城区人口未满50万人）落户限制，有序放开中等城市（城区人口50万—100万人）落户限制，到2020年，建立新型户籍制度，实现1亿左右农业转移人口和其他常住人口在城镇落户。从中国户籍制度改革的趋势来看，正在向取消户籍制度的方向发展，但各地的地方政府官员是否能将中央政府的决定真正落实还需要一定的时间。毕竟根据各个地区的异质性，对于迁入城市的外来务工者，在居住、就业、社会保障、教育、公共服务等方面都与本地城市居民接轨是需

[①] 南亮進、牧野文夫、郝仁平编著：《中国経済の転換点》，東洋経済新報社2013年版。

要时间来整合的。不仅要推进"城乡一体化",统一户籍管理,提高城市化水平,还要着手做好预防失业、大气污染、交通堵塞、环境破坏等一系列城市病的工作。

全面取消城乡二元户籍制度,不仅仅是户籍制度,与之相关联的一系列基本公共服务,以及土地制度都会受到影响。根据中国特有的土地制度,农民若拥有城市户籍,土地使用权也会随之消失,所以全家移居城市时,把土地出租给其他农户的情况很多①。为了提高劳动力市场的流动性,伴随户籍制度改革的土地制度改革也是必要的。另外,实施统一的户籍登记制度后,移居到城市的农村居民也能享受与城市居民同等的居住、就业、教育等福利待遇,有必要提高与这些服务相适应的城市管理机能,并且确保各地方政府根据各城市需求提供资金支持。

2019年4月国家发展改革委在《2019年新型城镇化建设重点任务》(以下简称为《任务》)中明确指出"城区常住人口100万至300万的Ⅱ型大城市要全面取消落户限制;城区常住人口300万至500万的Ⅰ型大城市要全面放宽落户条件,并全面取消重点群体落户限制"。而在2019年12月25日,中共中央办公厅、国务院办公厅印发了《关于促进劳动力和人才流动体制机制改革的意见》中提出"全面取消城区常住人口300万以下的城市落户限制,全面放宽城区常住人口300万至500万的大城市落户条件"。国家发改委的《任务》侧重于"城镇化建设",落实2014年的《意见》提出的要求,目的在于推动1亿非户籍人口在城市落户,而2019年12月25日的文件侧重于"劳动力和人才流动",而且提出更高的要求,即推进基本公共服务均等化,常住人口享有与户籍人口同等的

---

① 丸川知雄:《中国経済は転換点を迎えたか?——四川省農村調査からの示唆》,《大原社会問題研究所雑誌》2010年No. 616。

教育、就业创业、社会保险、医疗卫生、住房保障的基本公共服务。这意味着，在这些城市，无论是常住人口还是户籍人口，在基本公共服务上将会被一视同仁，户籍所带来的优越感以及特殊福利，都将不复存在。不仅要实现与户籍制度联动的公共服务的均等化，还要在人口流动的同时，让财政资金分配和土地指标也流动起来，推动城镇建设用地增加规模与吸纳农业转移人口落户数量挂钩，推动中央预算内投资安排向吸纳农业转移人口落户数量较多的城市倾斜。因为人口越多的城市，越能吸引更多的人口前来定居，越应该获得更多的财政转移支付和更多的与之匹配的土地指标[1][2][3]。

未来，中国城市化的发展将吸引更多的人口流向大城市，各地方政府应该在完善城市公共服务和提供福利政策的同时，真正落实大城市的用地指标与人口规模相匹配的目标，从而满足城市真正的住房需求，推动供给侧改革，实现土地资源在空间上的供给和需求匹配。中国劳动力过剩的时代早已结束，伴随着人口红利的消失和人口老龄化的到来，通过全面放开大城市落户限制，保证劳动力可以在全国范围内自由流动，使人力资本投资总量和结构适应人口流动的规模和方向，形成以大城市和都市圈为带动的区域经济增长格局[4]。

---

[1] 陆铭、向宽虎：《破解效率与平衡的冲突——论中国的区域发展战略》，《经济社会体制比较》2014 年第 4 期。

[2] 陆铭、张航、梁文泉：《偏向中西部土地供应如何推进了东部工资》，《中国社会科学》2015 年第 5 期。

[3] Han, L. and Lu, M., "Housing Prices and Investment: An Assessment of China's Inland - Favoring Land Supply Policies", *Journal of the Asia Pacific Economy*, Vol. 22, No. 1, 2017, pp. 106 - 121.

[4] 陆铭：《教育、城市与大国发展——中国跨越中等收入陷阱的区域战略》，《学术月刊》2016 年第 1 期。

第三节　山东省缩小城乡收入差距的对策

回顾第六章中城乡收入差距影响因素的实证分析结果，城市化率、第三产业比重的增加对城乡收入差距有显著的负向影响，教育支出和社会保障支出比重、外商直接投资比重对城乡收入差距有显著的正向影响。根据这些分析结果，在山东省，城市化水平的提高、产业结构的转型、财政政策的调整、吸引外商直接投资将成为重要课题。因此，为缩小山东省城乡收入差距，将围绕提高城市化水平，优化产业结构，完善社会保障制度和加强教育支出，以及吸引外资等政策进行探讨。

一　提高城市化水平

从 2011 年开始实施的"十二五规划"来看，中国城市化的内容中加入了与以往不同的"新型城镇化"目标。"新型城镇化"是以城市的空间布局和"人的城市化"（农业转移人口的市民化）为目标的。

要实现缩小城乡收入差距的目标，首先要进一步推进城市的产业集聚和产业分散效应，优化城市空间布局。围绕城市的空间布局，山东省旨在打造"一群一圈一区一带"的城市空间布局。"一群"指山东半岛城市群，"一圈"指济南省会城市群经济圈，"一区"指黄河三角洲城镇发展区，"一带"指鲁南城镇带。发挥东部地区山东半岛城市群（济南、青岛、烟台、威海、日照、东营、淄博、潍坊 8 个地级市）的优势，将产业集聚的优势积极推广到中部和西部地区。最大限度发挥现阶段东部"城市群"，即以山东半岛城市群和以省会济南为中心的"区域中心城市"的产业集聚效应。在 2019 年 7 月 8 日山东省城镇化工作领导小组办公室《关于印发

2019 新型城镇建设重点任务的通知》（以下简称为《通知》）中，提出优化城镇化布局形态的策略："坚持以中心城市引领城市群发展，强化'济青双核'地位，推进都市圈（区）一体化发展，着重培育发展一批新生中小城市，构建以城市群为主体，大中小城市和小城镇协调发展的城镇化空间布局。"通过优化城镇化空间布局，推进都市圈一体化发展，可以增强城市的竞争力。《通知》中也提出要分类引导城市产业布局，既要引导大城市产业高端化发展，又要引导中小城市承接大城市产业转移的能力。在优化大城市产业集聚、产业集群的同时，发挥产业分散效应，可以适当的将生产要素由城市转移到农村，将核心城市或大城市既有的产业集聚中心向中小城市和小城镇进行分散布局。因此，可以在提高大中小城市和小城镇城市化水平的同时，创造农村地区劳动力的就业机会，提高农村地区的收益和农民收入，缩小城乡收入差距。

另外，要缩小山东省的城乡收入差距，需要实现从"城乡二元体制"向"城乡一元体制"的过渡，全面取消户籍制度，促进劳动力自由流动。根据"人的城市化"的要求，推进以人为核心的新型城镇化，积极实现农业转移人口的市民化。2019 年的《通知》中指出要加快农业转移人口市民化，"加大农业转移人口在城市落户力度，推动未落户城镇的常住人口平等享有基本公共服务"。实施居住证制度，不分户籍给予所有常住居民居住证，以居民证为载体提供城镇基本公共服务，实现常住人口基本公共服务的均等化。不仅如此，实行城镇建设用地增加规模与吸纳农业转移人口落户数量挂钩政策，对于农业转移人口来说，可以享受和城市居民一样的待遇，保障农业转移人口的权益，推动有意愿的农业转移人口更积极地到城市落户，增加农民的创收机会，提高农民收入，缩小城乡收入差距。对于农村经济社会发展，山东省也提出了相关战略部署。2014 年 9 月 3 日，山东省政府印发了《山东省农村新型社区和新农村发展规划（2014—2030年）》（以下简称为《规划》）。根据此《规划》，山东省将居住人口约为1400万为对象的约1.4万个村庄纳入城市与小城镇，将居住人口约为1800万为对象的约2.1万个村庄撤并组建农村新型社区，保留居住人口约2300万的约3万个村庄为新农村。目标是2020年使山东省700万农业转移人口实现市民化，并力争到2030年，山东省农村户籍人口和常住人口分别达到3750万人和2970万人。该《规划》对于推进城镇化和农村经济社会发展有重要意义。农村新型社区和新农村建设是推动农村建设用地、基础设施、公共服务等诸多要素，在城乡之间优化整合与调节利用的过程，有利于优化农村产业结构，转变农民生产生活方式，破解城乡二元结构，加快形成城乡经济社会发展一体化的新格局，最终缩小城乡差距。

总之，合理进行城市空间布局，增强城市中的产业集聚效应，适度适时发挥产业分散效应，提高大中城市和小城镇的城市化水平，积极推进农业转移人口的市民化，实现城乡一体化的新格局，能够提高城市地区农业转移人口的收入，对于缩小城乡收入差距有积极作用。

二 优化产业结构

山东省"十三五规划"明确指出，对于山东省的产业发展，提出以现代农业为基础、先进制造业为支柱、战略性新兴产业为引领、服务业为主导的现代产业新体系的方针。

山东省作为农业大省，具备发展农业的先天优势，但需要改造传统农业，使其符合经济社会发展。2017年3月20日山东省人民政府关于印发《山东省农业现代化规划（2016—2020年）》（以下简称为《规划》）的通知中，明确指出农业的根本出路在于现代化，以创新驱动农业产业转型升级，打造农业全产业链，拓展农业发展空间，将新技术、新业态、新商业模式等引入农业，推进农村第一、第二、第三产业深度融合。创新农业产业体系，推进农业供给创新和科技创新，发展农业生产服务业，优化调整农业产业结构。若要提高农民收入，需要大力发展农业现代化，创新农业产业体系的同时，推进农村第一产业向第二产业、第三产业的转移，特别是要大力发展第三产业。并在提高农村劳动生产率的同时，通过发展农村第二产业、第三产业，创造农村就业机会。

山东省的产业结构一直以来都以工业为主导，自2016年起第三产业超过第二产业占据主导地位。山东省不仅是海尔和海信两大家电厂商的生产基地，而且粗钢、水泥等重工业也位居全国前列。而工业主要指制造业，2016年3月2日山东省人民政府关于印发《山东省国民经济和社会发展第十三个五年规划纲要》（以下简称为《十三五规划》）的通知中，要求全面落实"中国制造2025"战略，加快制造业向分工细化、协调紧密方向发展，促进信息技术向制造业各环节渗透，建成全国重要的先进制造业基地。对于传统制造业进行改造提升，优化其内部结构，与此同时，还要发展壮大高端产业，如发展新一代信息技术设备、高档数控机床和机器人、航空航天装备、海洋工程装备及高技术船舶、轨道交通装备、节能与新能源汽车、新材料、生物医药及高性能医疗器械等高端产业，增强高端制造业的整体竞争力。并且推动产业集约集聚发展，鼓励大企业与中小企业专业分工，激发中小企业创新创造活力，加快园区升级，推动要素整合，建设产业层次高、协同效应好、特色优势强的产业集聚区。在《十三五规划》指导下，2017年3月9日山东省人民政府又发布了《山东省"十三五"战略性新兴产业发展规划》的通知，指出"以新一代信息技术、生物、高端装备、新材料、现代海洋、绿色低碳、数字创意7大产业为发展重点"。促进战略性新兴产业向规模化、绿色化、集聚化、国际化、服务化发展。此后，2018年年初，山东省根据《山东新旧动能转换综合试验区建设总体方案》《山东省新旧动能转换重大工程实施规划》等，山东人民政府在2018年9月17日制订了《山东省新能源产业发展规划（2018—2028年）》，要求按照政府加快新旧动能转换的决策部署，大力发展新能源产业，涵盖新能源汽车、核电、智能电网及储能、热泵、太阳能、风能、生物质能、氢能、可燃冰、海洋能等领域，这对提升产业核心竞争力有重要意义。不仅仅是要把农村的剩余劳动力转移到工业部门，更重要的是如何提高他们的劳动生产率。制造业集中了大量的外来务工者，改造传统制造业，提高制造业的产业竞争力，推动新兴产业的发展可以创造更多的就业机会，为居民增收创造条件。当然在改造升级产业结构的同时，需要提升劳动者的技术水平，加大职业技能培训力度，提高劳动者劳动生产率。

在发展第三产业方面，近年来山东省大力发展金融保险业、房地产业、通信业等新兴产业。在2017年山东省的新兴产业发展规划中，强调要重点发展新一代信息技术产业，紧跟网络强国、"互联网＋"、大数据等国家战略，重点推进网络基础设施、核心应用软件、物联网等核心技术的开发、应用及产业化，促进大数据产业发展，培育大数据服务业态，完善大数据产业生态体系。不仅要大力发展新兴信息技术产业、符合数字经济时代发展的大数据产业等高附加值产业，还要大力发展第三产业中的基础性服务业。随着城市化的发展，在高新技术和高附加值产业中聚集了大量高技能劳动者，可能仅存在少数的外来务工劳动者。因此，为了缩小城乡收入差距，还必须着力于发展第三产业中的低工资部门，如住宿和餐饮业、批发和零售业这些平均工资较低的服务业部门，这些行业更容易吸纳低技能的外来务工劳动者，更能发挥外来务工者的作用。山东省《十三五规划》中指出要优化提升传统服务业，利用科学管理模式和现代经营业态，提高服务质量和效率；适应产业融合发展趋势和服务专业化发展要求，加快发展技术含量和附加值高的现代服务业；同时加快发展满足个性化、多样化消费需求的新兴服务业，创造形成新供给、新动力。

从长远来看，为了提高劳动生产率，必须以产业结构高度化为目标。但是，要实现产业结构高度化，需要大量的熟练、高技能劳动者，提高人力资本水平是一个长期的过程。从提高居民收入的视角来看，发展新兴产业为增加收入提供了诸多机会，将高端产业和低端产业进行结合，使其能更好地满足居民的就业需求，不仅能够充分发挥高技能人才的优势，也可以发挥低技能人才的作用，最终，人才互补更有利于缩小城乡收入差距。

三　完善社会保障制度和加强教育支出

从完善社会保障制度来看，目前，山东省已基本实现以基本养老、医疗、最低生活保障、救助等为重点的城乡一体化社会保障体系。在 2011 年 7 月实现了新型农村养老保险和城镇居民养老保险制度的覆盖，为解决两项制度分立、参保政策不统一的问题，2013年 7 月，山东省出台了《关于建设居民基本养老保险制度的实施意见》，在全省范围建立起统一的居民基本养老保险制度。同年 12 月，省政府出台了《关于建立居民基本医疗保险制度的意见》，确立从 2014 年起将城镇居民基本医疗保险和新型农村合作医疗制度进行整合，建立起全省统一、城乡一体的居民基本医疗保险制度，整合后的居民基本医疗保险，城乡居民报销比例相同。并根据 2014年出台的《山东省最低生活保障管理办法》和《山东省城乡最低生活保障资金管理办法》，推动城乡低保在制度、管理、资金、标准、政策五个方面实现统筹和衔接。不仅如此，山东省不断扩大社会保障覆盖范围，在上述基础上，扩大住房公积金覆盖范围，将被征地农民纳入城乡居民社会养老保险制度,以及将农民工逐步纳入社会保险制度。为了缩小城乡收入差距,有必要继续增加对农村地区以及弱势群体的社会保障财政投入,加大财政兑付该农村地区和农民的社会保障项目的资金支持和补贴力度,像现在的新农保、新农合等,使农村居民能够与城市居民同样享受社会保障制度的福利。

从加强教育支出方面来看,2017年10月16日山东省人民政府出台的《山东省"十三五"教育事业发展规划》中,提出要进一步完善教育公共服务体系的目标。现阶段经济社会发展需要调整优化经济结构,发展新兴产业,加快新旧动能转换,而这一切都需要通过创新教育,优化人才结构,提高劳动者素质才能实现。教育资源在城乡之间的不平衡配置,不仅会影响到城乡收入差距,还会最终制约产业和经济的发展。因此,必须推动基本公共教育服务标准化、均等化,实现城乡、区域、校际间公共教育资源均衡配置。全面改善义务教育薄弱学校办学条件,保障进城务工人员随迁子女平等接受义务教育的权利。另外,为了实现产业结构的高度化,提高劳动生产率,比起农村义务教育,加强成人教育更能在短期内达到增加农民收入的效果。特别是在制造业吸纳了大量的农村劳动者和外出务工者的情况下,有必要加强对农村劳动者和外出务工者的职业技能培训,以适应制造业的转型升级和技术能力的要求。

随着经济社会发展,要不断扩大社会保障支出覆盖面,保障程度也要不断提高,必须进一步加强包括养老保险、医疗保险在内的农村社会保障建设,全面实现城乡一体化社会保障体系。与此同时,合理配置公共教育资源,提升教育服务水平,以实现教育机会的均等化;为提高农业生产率,增加与之相关的教育资金投入,以提高劳动者的劳动技能,增强农村劳动者的就业竞争力。通过完善社会保障制度和加强教育支出，保障农民权益，提高农民收入，实现缩小城乡收入差距的目标。

四 吸引外资

从第六章的实证结果和相关数据可以看出，山东省城市对外资的依赖程度远高于农村，实际利用外资额也集中在东部沿海地区和济南、青岛等城市。不仅是沿海城市，中部和西部的产业集聚也在城市地区积极吸引外资，"十一五"期间风力发电等新能源领域的外资规模迅速扩大。随着城市化的推进，产业集聚的地区借助外国资本和技术的力量，从以劳动密集型产业为主转向以高科技产业、软件信息产业、节能环保产业等技术含量高为主的产业上，在提高劳动生产率的同时，推动了产业结构的高度化。2018年山东省实际利用外资123.9亿美元，同比增长6.5%。按照商务部通报口径，增速在全国实际使用外资百亿级以上省市中位列第二，利用外资结构呈现良好发展态势。制造业实际使用外资46.5亿美元，占比较高，占全省比重37.5%。500强企业投资活跃，新设及增资总投资过亿美元大项目135个，增长32.4%，合同外资金额达到135亿美元；日本永旺、软银、国际商业机器公司（IBM）、英国石油（BP）、威立雅、博世、标致等27家世界500强企业在山东投资项目51个，合同外资21亿美元，增长41.4%[1]。

2016年山东省出台的《十三五规划》中，提出"坚持引资、引技、引智有机结合，全面提高利用外资综合优势和总体效益，提升我省在全球产业链中的地位"。不仅要提高利用外资层次，加强与世界500强及行业领军企业的战略合作和产业对接，吸引来省设

---

[1] 根据山东统计局、国家统计局山东调查总队《2018年山东省国民经济和社会发展统计公报》。

立地区总部、研发中心等各类功能性机构，引导外资重点投向战略性新兴产业、先进制造业、现代服务业及现代农业，鼓励民营企业、中小企业加强与跨国公司的技术、贸易、投资合作；而且要创新利用外资方式，鼓励以绿地投资、增资扩股、跨国并购、股权融资、债权融资、风险投资以及融资租赁等多方式利用外资。将济南构建开放型经济新体制试点，青岛跨境电子商务综合试验区，青岛流通体制改革发展综合试点，威海服务贸易创新发展试点，临沂商城市场采购贸易方式试点等作为"十三五"使其外资增量提质的助推器。

在制造业发展方面，聚焦全球行业领军企业，推动制造业利用外资规模和质量双提升。根据山东省发展壮大新一代信息技术、新医药、新材料、高端装备制造4大战略性新兴产业和做优做精食品、纺织服装、造纸及纸制品等18大传统优势产业的总体部署，引进高新技术含量高、投资规模大、市场竞争优的高端高质量的制造业项目。在服务业发展方面，拓展服务业利用外资新领域，保持服务业持续快速健康发展。加快引进生产性服务业、信息服务业、商务服务业项目，扩大健康服务、养老服务、医疗服务、居民服务、文化娱乐等民生服务业利用外资，培育服务业利用外资新的增长极。

利用山东省东部沿海城市的优势，加强对高端制造业、现代服务业和现代农业的外资利用，进一步吸引外资，促进产业结构转型升级。随着产业结构的不断优化，外商直接投资逐渐由制造业转向现代服务业、现代农业、金融业等产业，投资领域不断扩大。农业在实现由传统农业向现代农业升级之后，必定会吸引更多外国资本和资金。随着外商直接投资范围和投资领域的扩大，会带来更多的创收机遇和就业机会，会更有利于缩小城乡收入差距。

参考文献

中文著作和期刊

蔡昉:《破解农村剩余劳动力之谜》,《中国人口科学》2007年第2期。

蔡昉:《中国人口与劳动问题报告No.8——刘易斯转折点及其政策挑战》,社会科学文献出版社2007年版。

蔡昉:《刘易斯转折点:中国经济发展新阶段》,社会科学文献出版社2008年版。

蔡昉:《"民工荒"现象:成因及政策涵义分析》,《开放导报》2010年第2期。

蔡昉、王德文、曲玥:《中国产业升级的大国雁阵模型分析》,《经济研究》2009年第9期。

蔡武、陈望远:《基于空间视角的城乡收入差距与产业集聚研究》,《华东经济管理》2012年第5期。

陈安平:《我国收入差距与经济增长的面板协整与因果关系研究》,《经济经纬》2010年第1期。

陈安平、杜金沛:《中国的财政支出与城乡收入差距》,《统计研究》2010年第11期。

陈斌开、黄少安、欧阳涤非:《房地产价格上涨能推动经济增长吗》,《经济学》(季刊)2018年第3期。

陈斌开、张鹏飞、杨汝岱:《政府教育投入、人力资本投资与中国城乡收入差距》,《管理世界》2010年第1期。

陈凯、张方:《生产性公共支出、空间溢出效应与区域经济差距——基于多地区动态一般均衡模型的分析》,《中国人口·资源与环境》2017年第4期。

陈强编著:《高级计量经济学及Stata应用》(第二版),高等教育出版社2014年版。

陈燕儿、白俊红:《要素流动与区域经济差距》,《现代经济探讨》2019年第6期。

陈宗胜:《经济发展中的收入分配》,上海人民出版社1999年版。

陈宗胜、钟茂初、周云波:《中国二元经济结构与农村经济增长和发展》,经济科学出版社2008年版。

程开明:《聚集抑或扩散——城市规模影响城乡收入差距的理论机制及实证分析》,《经济理论与经济管理》2011年第8期。

迟诚:《城市偏向型经济政策对城乡收入差距的影响》,《城市问题》2015年第8期。

董克用主编:《中国经济改革30年——社会保障卷》,重庆大学出版社2008年版。

高铁梅:《计量经济分析方法与建模——EViews应用及实例》,清华大学出版社2009年版。

高新才主编:《中国经济改革30年——区域经济卷》,重庆大学出版社2008年版。

管卫华、林振山、顾朝林:《中国区域经济发展差异及其原因的多角度分析》,《经济研究》2006年第7期。

韩俊主编:《中国经济改革30年——农村经济卷》,重庆大学出版社2008年版。

康伊:《产业集群与城乡收入差距的变动研究》,《中国科技产业》2006年第5期。

李汉君:《对外贸易与收入差距——基于我国省际面板数据的实证分析》,《国际贸易问题》2010年第5期。

李实、赵人伟:《中国居民收入分配再研究》,《经济研究》1999年第4期。

李实、李婷:《库兹涅茨假说可以解释中国的收入差距变化吗》,《经济理论与经济管理》2010年第3期。

李实、岳希明:《中国农村扶贫项目的目标瞄准分析》,《中国社会科学评论》2003年第3期。

林毅夫:《发展战略、自生能力和经济收敛》,《经济学》(季刊)2002年第2期。

林毅夫、陈斌开:《发展战略、产业结构与收入分配》,《经济学》(季刊)2013年第12期。

刘军、王伟玮、杨浩昌:《产业集聚对城乡居民收入差距的影响——基于中国省级面板数据的实证研究》,《农村经济》2015年第5期。

刘强:《中国区域经济差距、关联性及溢出反馈效应分析》,硕士学位论文,清华大学,2011年。

刘清春、刘淑芳、马永欢:《创新水平对中国城乡收入差距的影响研究——基于工具变量回归模型》,《软科学》2016年第9期。

刘生龙、王亚华、胡鞍钢:《西部大开发成效与中国区域经济收敛》,《经济研究》2009年第9期。

卢洪友、郑法川、贾莎:《前沿技术进步、技术效率和区域经济差距》,《中国人口·资源与环境》2012年第5期。

路江涌、陶志刚:《中国制造业区域聚集及国际比较》,《经济研究》2006年第3期。

陆铭:《教育、城市与大国发展——中国跨越中等收入陷阱的区域战略》,《学术月刊》2016年第1期。

陆铭：《空间的力量》，格致出版社、上海人民出版社2017年版。

陆铭：《城市、区域和国家发展——空间政治经济学的现在与未来》，《经济学》（季刊）2017年第4期。

陆铭、陈钊：《城市化、城市倾向的经济政策与城乡收入差距》，《经济研究》2004年第6期。

陆铭、向宽虎：《破解效率与平衡的冲突——论中国的区域发展战略》，《经济社会体制比较》2014年第4期。

陆铭、张航、梁文泉：《偏向中西部土地供应如何推进了东部工资》，《中国社会科学》2015年第5期。

吕炜、许宏伟：《土地财政、城市偏向与中国城乡收入差距》，《财贸经济》2015年第6期。

吕炜、杨沫、王岩：《城乡收入差距、城乡教育不平等与政府教育投入》，《经济社会体制比较》2015年第3期。

侯燕飞、陈仲常：《中国"人口流动—经济增长收敛谜题"——基于新古典内生经济增长模型的分解》，《中国人口·资源与环境》2016年第9期。

胡荣才、冯昶章：《城乡居民收入差距的影响因素——基于省级面板数据的实证研究》，《中国软科学》2011年第2期。

胡昭玲、刘彦磊：《产品内国际分工对中国工资差距的影响》，《中南财经政法大学学报》2014年第1期。

纪玉山、张洋、代栓平：《技术进步与居民收入分配差距》，《当代经济研究》2005年第5期。

毛其淋：《经济开放、城市化水平与城乡收入差距——基于中国省级面板数据的经验研究》，《浙江社会科学》2011年第1期。

孟宪鹏：《新型城镇化进程中山东省农村基础教育发展问题研究》，硕士学位论文，东北财经大学，2016年。

莫亚琳、张志超：《城市化进程、公共财政支出与社会收入分配——基于城乡二元结构模型与面板数据计量的分析》，《数量经济技术经济研究》2011 年第 3 期。

潘文卿：《中国区域经济差异与收敛》，《中国社会科学》2010 年第 1 期。

彭文斌、刘友金：《我国东中西三大区域经济差距的时空演变特征》，《经济地理》2010 年第 4 期。

任建军、阳国梁：《中国区域经济发展差异及其成因分析》，《经济地理》2010 年第 5 期。

沙治慧：《公共投资与经济发展的区域协调性研究》，《经济学动态》2012 年第 5 期。

沈桂龙、于蕾：《国际直接投资产业集聚与中国收入分配差距的扩大》，《学术月刊》2013 年第 9 期。

沈坤荣、马俊：《中国经济增长的"俱乐部收敛"特征及其成因研究》，《经济研究》2002 年第 1 期。

宋德勇：《改革以来中国经济发展的地区差异状况》，《数量经济技术经济研究》1998 年第 3 期。

宋建、王静：《区域城乡收入差距的动态收敛性与影响因素探究》，《经济经纬》2019 年第 1 期。

苏少之：《20 世纪 50—70 年代中国沿海与内地经济发展差距研究》，《中南财经大学学报》2001 年第 1 期。

唐兆涵、陈璋：《区域经济差距的形成动因、演变路径和发展趋势——基于技术引进视角的研究》，《上海经济研究》2019 年第 2 期。

万广华、陆铭、陈钊：《全球化与地区间收入差距：来自中国的证据》，《中国社会科学》2005 年第 3 期。

汪晨、万广华、张勋：《区域差异与结构变迁：中国 1978—2016》，《管理世界》2019 年第 6 期。

王德文:《中国经济增长能消除城乡收入差距吗》,《经济社会体制比较》2005年第4期。

王海滨:《对城乡收入差距扩大的经济学思考》,《经济学动态》2005年第7期。

王韧、王睿:《二元条件下居民收入差距的变动和收敛——对我国"倒U"形假说的存在性检验》,《数量经济技术经济研究》2004年第3期。

王小鲁、樊纲:《中国地区差距的变动趋势和影响因素》,《经济研究》2004年第1期。

王中华、王雅琳、赵曙东:《国际垂直专业化与工资收入差距——基于工业行业数据的实证分析》,《财经研究》2009年第7期。

尉海波、谢海艳、张冰:《要素投入与山东经济成长关系的实证分析》,《山东财政学院院报》2008年第3期。

魏后凯、刘楷:《我国地区差异变动趋势分析与预测》,《中国工业经济》1994年第4期。

吴玉鸣:《中国经济增长与收入分配差异的空间计量经济分析》,经济科学出版社2005年版。

许海平、傅国华:《城乡收入差距与财政分权的空间计量研究》,《经济与管理研究》2013年第6期。

徐倩、李放:《财政社会保障支出与中国城乡收入差距——理论分析与计量检验》,《上海经济研究》2012年第11期。

许召元、李善同:《近年来中国地区差距变化趋势》,《经济研究》2006年第7期。

严善平:《中国经济奇迹及其内在机制——兼论日本经验与中国经济下一步》,《世界经济文汇》2017年第1辑。

晏艳阳、宋美喆:《中国城乡收入差异的库兹涅茨曲线实证研究》,《软科学》2011年第9期。

杨森平、唐芬芳、吴栩：《我国城乡收入差距与城镇化率的倒 U 关系研究》，《管理评论》2015 年第 11 期。

杨开忠：《中国区域经济差异变动研究》，《经济研究》1994 年第 12 期。

杨楠、马绰欣：《我国金融发展对城乡收入差距影响的动态倒 U 型演化及下降点预测》，《金融研究》2014 年第 11 期。

于文浩：《关于中国区域经济差距的实证研究：1952—2006》，《中国投资》2008 年第 10 期。

元寿伟：《城市化与城乡收入差距——基于省级非平衡面板数据的分析》，《财政经济评论》2011 年第 2 期。

张红梅、李善同、许召元：《改革开放以来我国区域差距的演变》，《改革》2019 年第 4 期。

张锦宗、朱瑜馨、周晓钟：《我国城乡居民收入差距特征及趋势分析》，《中国农业资源与区划》2018 年第 12 期。

张龙鹏、周立群：《产业转移缩小了区域经济差距吗——来自中国西部地区的经验证据》，《财经科学》2015 年第 2 期。

张嫘、方天堃：《我国城乡收入差距变化与经济增长的协整及因果关系分析》，《农业技术经济》2007 年第 3 期。

张晓峒：《EViews 使用指南与案例》，机械工业出版社 2012 年版。

曾国安、胡晶晶：《论中国城市偏向的财政制度与城乡居民收入差距》，《财政研究》2009 年第 2 期。

曾鹏、吴功亮：《技术进步、产业集聚、城市规模与城乡收入差距》，《重庆大学学报》（社会科学版）2015 年第 6 期。

郑旋：《财政支出规模、结构与城乡收入不平等——基于中国省级面板数据的实证分析》，《经济评论》2011 年第 4 期。

周云波：《城市化、城乡差距以及全国居民总体收入差距的变动——收入差距倒 U 形假说的实证检验》，《经济学》（季刊）

2009 年第 4 期。

英文著作和期刊

Acemoglu, D. , "Why Do New Technologies Complement Skills? Directed Technical Change and Wage Inequality", *Quarterly Journal of Economics*, Vol. 113, No. 4, 1998.

Autor, D. H. , Levy, F. , Murnane, R. J. , "The Skill Content of Recent Technological Change: An Empirical Exploration", *NBER Working Papers*, Vol. 118, No. 4, 2001.

Baltagi, B. H. , *Economic Analysis of Panel Data (Third Edition)*, Chichester John Wiley & Sons Ltd. , 2005.

Barro, R. J. , "Government Spending in a Simple Model of Endogenous Growth", *Journal of Political Economy*, Vol. 98, No. 5, 1990.

Barro, R. J. and Sala – i – Marin, X. , "Convergence", *Journal of Political Economy*, Vol. 100, 1992.

Barro, R. J. and Sala – i – Martin, X. , *Economic Growth*, New York McGraw – Hill, 1995.

Baumol, W. J. , "Productivity Growth, Convergence, and Welfare: What the Long – Run Data Show", *American Economic Review*, Vol. 76, No. 5, 1986.

Cai, W. and Pandey, M. , "The Agricultural Productivity Gap in Europe", *Economic Inquiry*, Vol. 53, No. 4, 2015.

Davidson, R. , Mackinnon, J. G. , *Estimation and Inference in Econometrics*, New York: Oxford University Press, 1993.

Davis, J. C. and Henderson, J. V. , "Evidence on the Political Economy of the Urbanization Process", *Journal of Urban Economics*, Vol. 53, 2003.

Echeverri – Carroll, E. and Ayala, S. G. , "Wage Differentials and the

Spatial Concentration of High - technology Industries", *Papers in Regional Science*, Vol. 88, No. 3, 2009.

Friedman, M. and Kuznets, S., *Income from Independent Professional Practice*, New York: National Bureau of Economic Research, 1945.

Glomm, G., "A Model of Growth and Migration", *Canadian Journal of Economics*, Vol. 25, No. 4, 1992.

Greenwood, J., Jovanovic, B., "Financial Development, Growth and the Distribution of Income", *The Journal of Political Economy*, Vol. 98, No. 5, 1990.

Groenewold, N., Lee, G. and Chen, A., "Regional Output Spillovers in China: Estimates from a VAR Model", *Papers in Regional Science*, Vol. 86, No. 1, 2007.

Han, L. and Lu, M., "Housing Prices and Investment: An Assessment of China's Inland - Favoring Land Supply Policies", *Journal of the Asia Pacific Economy*, Vol. 22, No. 1, 2017.

Helpman, E., "The Size of Region", In Pines, D., Sadka, E., Zilcha, I., *Topics in Public Economics: Theoretical Analysis*, Cambridge University Press, 1998.

Henderson, J. V. and Kuncoro, A., "Industrial Centralization in Indonesia", *The World Bank Economic Review*, Vol. 10, No. 3, 1996.

Jefferson, G. H., Rawski, T. G., Li, W. et al., "Ownership, Productivity Change and Financial Performance in Chinese Industry", *Journal of Comparative Economics*, Vol. 28, No. 4, 2000.

Kaldor, N., "Alternative Theories of Distribution", *Review of Economic Studies*, Vol. 23, 1955.

Kaldor, N., *Further Essays on Economic Theory*, London: Gerald Duckworth & Company Ltd., 1989.

Kojima, K. , "The 'Flying Geese' Model of Asian Economic Development Origin, Theoretical Extensions, and Regional Policy Implications", *Journal of Asian Economics*, Vol. 11, 2000.

Kollko, G. , *Wealth and Power in America: An Analysis of Social Class and Income Distribution*, California: Praeger, 1962.

Krugman, P. , "Increasing Returns and Economic Geography", *Journal of Political Economy*, Vol. 99, No. 3, 1991.

Kuznets, S. , *Economic Change: Selected Essays in Business Cycles, National Income, and Economic Growth*, London: William Heinemann, 1954.

Kuznets, S. , "Economic Growth and Income Inequality", *American Economic Review*, Vol. 45, No. 1, 1955.

Kuznets, S. , *Modern Economic Growth: Rate, Structure, and Spread*, New Haven: Yale University Press, 1966.

Kuznets, S. , *Economic Development, the Family, and Income Distribution: Selected Essays*, Cambridge University Press, 1989.

Lewis, W. A. , "Economic Development with Unlimited Supplies of Labor", *The Manchester School of Economic and Social Studies*, Vol. 22, No. 1, 1954.

Lewis, W. A. , *The Theory of Economic Growth*, London: G. Allen & Unwin, 1963.

Li, S. and Xu, Z. , "The Trend of Regional Income Disparity in the People's Republic of China", *ADB Institute Discussion Paper*, No. 85, 2008.

Liang, W. , Lu, M. and Zhang, H. , "Housing Prices Raise Wages: Estimating the UnexpectedEffects of Land Supply Regulation in China", *Journal of Housing Economics*, Vol. 33, 2016.

Mbaku, J. M. , "Inequality in Income Distribution and economic Development: Evidence Using Alternative Measures of Development", *Journal of Economic Development*, Vol. 22, No. 2, 1997.

Oi, J. , "Reform and Urban Bias in China", *Journal of Development Studies*, Vol. 29, No. 4, 1993.

Perlo, V. , *The Income "Revolution"*, New York: International Publishers, 1954.

Rains, G. and Fei, J. , "A Theory of Economic Development", *American Economic Review*, Vol. 51, No. 4, 1961.

Rauch, J. E. , "Economic Development, Urban Unemployment, and Income Inequality", *Canadian Journal of Economics*, Vol. 26, No. 4, 1993.

Reenen, J. V. , "The Creation and Capture of Rents: Wages and Innovation in a Panel of U. K. Companies", *Quarterly Journal of Economics*, Vol. 111, No. 1, 1996.

Renaud, B. , *National Urbanization Policy in Developing Countries*, New York: Oxford University Press, 1981.

Schultz, T. W. , *Redirecting Farm Policy*, New York: Macmillan Company, 1943.

Schultz, T. W. , *Transforming Traditional Agriculture*, New Haven: Yale University Press, 1964.

Schultz, T. W. , *Economic Growth and Agriculture*, New York: McGraw - Hill, 1968.

Sen, Amartya K. , *On Economic Inequality*, New York: Oxford University Press, 1993.

Todaro, M. P. , "A Modern of Labor Migration and Urban Unemployment in Less Developed Countries", *American Economic Review*,

Vol. 59, No. 1, 1969.

Wang, C., Wan, G., Yang, D., "Income Inequality in the People's Republic of China: Trends Determinants, and Proposed Remedies", *Journal of Economic Surveys*, Vol. 28, No. 4, 2014.

Wang, N., "Analysis of Influential Factors and Spillover Effect on the Regional Ecnomic Disparity in China" in Ishikawa T. (ed.), *Locational Analysis of Firms' Activities from a Strategic Perspective*, Singapore: Springer Nature Singapore Pte Ltd., 2018.

Wooldridge, J. M., *Introductory Econometrics: A Modern Approach*, Cincinnati: South–Western College Pub, 2008.

Wooldridge, J. M., *Econometric Analysis of Cross Section and Panel Data*, Cambridge, Mass: MIT press, 2010.

Zhang, Q. and Felmingham, B., "The Role of FDI Exports and Spillover Effects in the Regional Development of China", *Journal of Development Studies*, Vol. 38, No. 4, 2002.

日文著作和期刊

阿古智子：《貧者を食らう国——中国格差社会の警告》，新潮社2009年版。

石川啓二、唐海萍：《沸騰する中国の教育改革》，東方書店2008年版。

稲田光明、山本裕美：《中国経済転換点の検証——ジャポニカ米生産の省別パネルデータに基づいて》，《中国経済研究》2012年第9巻第1号。

于文浩：《中国の地域経済格差と地域開発政策に関する研究——実証研究と政策研究を中心に》，博士学位論文，中央大学，2009年。

梅﨑創:《アジア総合開発計画と日本の役割》,《日本貿易会月報》2010 年 No. 682。

浦田秀次郎:《グローバリゼーションと所得格差》,《国際経済》2009 年第 60 号。

王娜:《中国改革開放以降の所得格差の研究——山東省を例にして》,修士学位論文,中央大学,2009 年。

王娜:《都市・農村所得格差と経済成長の関係に関する実証研究——山東省を例にして》,《国際公共経済研究》2013 年第 24 号。

王娜:《山東省における都市・農村所得格差の影響要因に関する実証分析》,《中央大学経済研究所年報》2014 年第 45 号。

王娜:《"新型都市化"過程における農業移転人口の市民化問題の研究》,谷口洋志編著《中国政治経済の構造的転換》,中央大学出版部 2017 年版。

王文亮:《格差で読み解く現代中国》,ミネルヴァ書房 2006 年版。

王文亮:《格差大国中国》,旬報社 2009 年版。

王文亮:《社会政策で読み解く現代中国》,ミネルヴァ書房 2009 年版。

大西広、矢野剛:《中国経済の数量分析》,世界思想社 2003 年版。

大橋英夫:《中国経済をめぐる"2 つの罠":"中所得の罠"と"体制移行の罠"》,《東亜》霞山会 2012 年。

奥田麻衣、石田三樹:《中国における二重経済の検証》,《経済学研究》2009 年第 26 号。

風神佐知子:《経済発展と不平等のパネル分析》,《三田商学研究》2007 年第 50 巻第 1 号。

加藤弘之編著:《中国長江デルタの都市化と産業集積》,勁草書房 2012 年版。

北岡孝義、高橋青天、矢野順治:《EViewsで学ぶ実証分析入門基礎編》,日本評論社 2008 年版。

北岡孝義、溜川健一、矢野順治、高橋青天:《EViewsで学ぶ実証分析の方法》,日本評論社 2013 年版。

北村行伸著:《パネルデータ分析》,岩波書店 2005 年版。

木村福成:《国際貿易理論の新たな潮流と東アジア》,《開発金融研究所報》2003 年第 14 号。

栗林純夫:《中国の二重経済発展》,《アジア研究》1991 年第 37 巻第 3 号。

厳善平:《中国における経済格差の実態と要因》,《桃山学院大学経済経営論集》2003 年第 44 巻第 4 号。

厳善平:《中国の人口移動と民工マクロ・ミクロデータに基く計量分析》,勁草書房 2005 年版。

厳善平:《20 世紀中国における地域間人口移動》,《桃山大学経済経営論集》2006 年第 48 巻第 3 号。

厳善平:《中国経済はルイス転換点を越えたか——"民工荒"現象の社会経済的背景を中心に》,《東亜》2008 年 12 月号。

厳善平:《農村から都市へ——1 億 3000 万人の農民大移動》,岩波書店 2009 年版。

佐藤宏:《シリーズ現代中国経済:所得格差と貧困》,名古屋大学出版会 2003 年版。

重本洋一:《ニコラス・カルドアの理論と政策》,《広島経済大学経済研究論集》2003 年第 26 巻第 2 号。

徐向東:《中国人に売る時代!巨大市場開拓の成功法則》,日本経済新聞出版社 2009 年版。

関志雄:《中国 2 つの罠:待ち受ける歴史の転機》,日本経済新聞出版社 2013 年版。

薛進軍、荒山裕行、園田正：《中国の不平等》，日本評論社 2008 年版。

園田茂人：《はじめて出会う中国》，有斐閣 2013 年版。

園田茂人、毛里和子編：《中国問題——キーワードで読み解く》，東京大学出版会 2012 年版。

髙橋青天、北岡孝義：《EViewsによるデータ分析入門——計量経済学の基礎からパネルデータ分析まで》，東京図書 2013 年版。

田島俊雄：《無制限労働供給とルイスの転換点》，《中国研究月報》2008 年第 62 巻第 2 号。

田中修：《2011—2015 年の中国経済：第 12 次 5 カ年計画を読む》，蒼蒼社 2011 年版。

谷口洋志：《中国における地域間所得格差問題：予備的考察》，《経済学論纂》2007 年第 47 巻第 5・6 合併号。

谷口洋志、朱珉、胡水文：《現代中国の格差問題》，同文堂 2009 年版。

鳥居康彦：《経済発展理論》，東洋経済新報社 1979 年版。

中兼和津次：《シリーズ現代中国経済：経済発展と体制移行》，名古屋大学出版社 2003 年版。

中兼和津次：《中国における都市農村一体化を考える》，《中国経済研究》2010 年第 7 巻第 2 号。

中藤康俊：《中国岐路に立つ経済大国——四半世紀の中国を見て》，大学教育出版 2012 年版。

林慈生：《中国のグローバル化と地域格差——パネルデータによる実証分析》富士ゼロックス小林節太郎記念基金，2010 年。

縄田和満：《EViewsによる計量経済分析入門》，朝倉書店 2009 年版。

速水佑次郎：《開発経済学：諸国民の貧困と富》，創文社 2000

年版。

深尾光洋編：《中国経済のマクロ分析——高成長は持続可能か》，日本経済新聞社2006年版。

本多光雄：《東アジアの国際分業・産業集積に関する一考察——新国際分業への模索》，《経済科学研究所紀要》2006年第36号。

真家陽一：《米金融危機が中国を変革する》，毎日新聞社2009年版。

馬欣欣：《労働市場の多重構造と"ルイスの転換点"》（大橋英夫編：《変貌する中国経済と日系企業の役割》），勁草書房2012年版。

松浦克己・コリン・マッケンジー：《EViewsによる計量経済分析》，東洋経済新報社2012年版。

丸川知雄：《シリーズ現代中国経済3：労働市場の地殻変動》，名古屋大学出版会2002年版。

丸川知雄：《日本企業が直面する中国の競争環境》，《開発金融研究所年報》2005年第22号。

丸川知雄：《中国経済は転換点を迎えたか？——四川省農村調査からの示唆》，《大原社会問題研究所雑誌》2010年No.616。

三浦有史：《中国の和諧はどこまでに進んだか——成長・格差・社会不安定化の行方》，《環太平洋ビジネス情報》2009年第9巻第35号。

南亮進：《日本経済の転換点——労働力の過剰から不足へ》，創文社1970年版。

南亮進、牧野文夫編：《中国経済入門：世界の工場から世界の市場へ》，日本評論社2005年版。

南亮進、馬欣欣：《中国経済の転換点：日本との比較》，《アジア

経済》2009 年第 50 巻第 12 号。

南亮進、牧野文夫、羅歓鎮:《中国の教育と経済発展》,東洋経済新報社 2008 年版。

南亮進、牧野文夫、郝仁平編著:《中国経済の転換点》,東洋経済新報社 2013 年版。

孟哲男:《中国における所得格差の実態およびその決定要因に関する実証分析》,博士学位論文,桃山学院大学,2010 年。

森恒夫:《中国社会の近現代化とその経済政策》,神戸新聞総合出版センター 2013 年版。

諸富徹:《地域経済発展と EU 構造基金》,《経済論叢別冊:調査と研究(京都大学)》2004 年第 28 号。

柳瀬明彦:《部門間所得格差と経済成長》,《高崎経済大学論集》2004 年第 46 巻第 4 号。

薮内正樹編著:《ビジネスのための中国経済論》,日本貿易振興機構 2014 年版。

楊世英:《現代中国論——開発のフロンティア"昇龍"の光と影》,本の森 2008 年版。

李复屏:《中国経済改革と地域格差》,昭和堂 2004 年版。

劉徳強:《労働市場の転換点と新たな発展段階》;朱炎編:《国際金融危機後の中国経済——内需拡大と構造調整に向けて》,勁草書房 2010 年版。

林燕平:《中国の地域間所得格差——産業構造・人口・教育からの分析》,日本経済評論社 2001 年版。

ロバート・アッシュ:《中国の再興と抱える問題》,勁草書房 2009 年版。

渡辺利夫、朱炎編:《中国経済の成長持続性:促進要因と抑制要因の分析》,勁草書房 2011 年版。

后　　记

　　本书致力于在全球化和城市化进程的背景之下，从宏观和微观的角度分析中国收入差距的演变趋势并进行相关实证研究，提出缩小收入差距的对策及建议。通过对经济发展与收入分配的理论背景考察，聚焦改革开放后的中国收入差距，从宏观的角度把握中国整体收入差距的动向，以此为基础实证分析了区域经济差距的影响因素；同时，从微观的角度把握山东省的省内、地级市内以及县级市内差距的动向，并实证分析了山东省城乡收入差距的影响因素；进一步结合当前全球化和城市化的课题，探讨解决问题的对策，并根据现阶段影响山东省城乡收入差距的原因，提出缩小收入差距的对策和建议。

　　本书结合全球化和城市化发展进程中面临的课题，及其发展对收入差距的影响作用，采用定性和定量手法相结合，从整体到个体的研究方法对中国收入差距进行了全面剖析。在吸收传统发展经济学的基础上，将理论研究、实证研究与现实问题相结合。通过对二元经济结构理论、"倒U型假说"理论、收入分配与经济增长理论的深入剖析，突出了发展经济学的中国特色，同时聚焦国际全球化和产业内国际分工，以及中国城市化、户籍制度改革、农业转移人口市民化、产业结构转型、社会保障制度和教育制度改革等经济热点问题，深入剖析中国经济转型期的收入差距问题，为指导中国未来在全球化的机遇和挑战中，发挥地区比较优势以抑制区域经济差距，同时在城市化过程中合理配置资源以抑制城乡收入差距提供可参考性的依据。

在本书结稿即将出版之际，笔者自身能力有限，深感书中内容仍有诸多不足。此书面世之后，还望各位读者多加批评指正，希望本书能够为诸位读者的专业学习和学术研究提供一些有价值的参考。

本书的部分研究成果受到教育部人文科学研究青年基金项目"区域差异化背景下城市体系于区域经济协调发展的路径研究"（18YJC790165）的资助和支持，为我顺利完成本书提供了有力的保障。在本书即将出版之际，特别感谢山东师范大学公共管理学院李松玉院长、李齐副教授、李顺成副教授和耿宁副教授等诸多同仁的大力支持和帮助。

由于本书中的部分研究成果是在笔者博士论文的相关研究基础上进一步拓展延伸而成。因此，在这里要特别感谢我的博士论文指导教授（日本中央大学谷口洋志教授）和两位副指导教授（日本中央大学石川利治教授、田中广滋教授）长期以来给予的悉心指导。同时感谢日本东洋大学郝仁平教授和日本同志社大学严善平教授从各方面给予我的学术帮助，一并感谢我的博士前辈中国社会科学院经济研究所于文浩副研究员在我博士期间对我的启发和帮助。

在本书即将出版之际，谨借此机会向中国社会科学出版社的吴丽平编辑及相关工作人员在本书出版过程中的大力帮助表示诚挚的谢意。

最后，感谢我的父母及家人对我研究工作的支持和理解。

王娜
2020年6月于东京